L'autodromo di Monza
ringrazia
per la collaborazione

The Autodrom of Monza
would like to thank

RegioneLombardia
Sport

PAOLO MONTAGNA

GIORGIO NADA EDITORE

Giorgio Nada Editore

Direzione editoriale/Editorial Manager
Luciano Greggio

Redazione/Editorial
Leonardo Acerbi

Traduzione/Translation
Robert Newman

Progetto e impostazione grafica/Graphic design
Pietro Stucchi

Impaginazione/layout
segni E disegni

Copertina/Cover
Agostino Carabelli

Pubblicato e distribuito dalla/Published and worldwide distributed by

Giorgio Nada Editore s.r.l.
Via Claudio Treves, 15/17
I – 20090 VIMODRONE (Milano)
Tel. +39 02 27301126
Fax +39 02 27301454
E-mail: info@giorgionadaeditore.it
www.giorgionadaeditore.it

Allo stesso indirizzo può essere richiesto il catalogo di tutte le opere pubblicate dalla Casa Editrice

The catalogue of Giorgio Nada Editore publications is available on request at the above address

MONZA
una grande storia
a glorious history
ISBN: 88-7911-358-5

Alla realizzazione di questo libro ha contribuito Paolo Moroni, a cui si deve anche la ricerca iconografica.
Paolo Moroni has contributed to the creation of this book and it is he we must also thank for illustration research.

Hanno collaborato - *Collaborators*
Gianni Cattaneo
Umberta Testa

Le fotografie provengono dagli archivi dell'Automobile Club di Milano e dell'Autodromo Nazionale di Monza
The photographs contained in this book are from the historic archives of the Automobile Club of Milan and Autodromo Nazionale di Monza

indice
contents

I "cavalli meccanici" che cominciarono a percorrere le strade alla fine dell'Ottocento, suscitarono subito l'impulso, a chi li guidava, di gareggiare tra loro, per scoprire chi fosse il più bravo e chi avesse il "cavallo" più potente.
Il desiderio di organizzare corse, di studiarne percorsi e regole, fu tra i motivi che spinsero 44 pionieri dell'auto a fondare, nel lontano 3 giugno 1903, l'Automobile Club di Milano. Infatti, nello Statuto della fondazione si legge che gli scopi erano quelli "di favorire lo sviluppo del turismo e dello sport automobilistico".
Allora le corse erano disputate su strada. La più antica dell'Automobile Club di Milano fu la Milano-Sanremo, nel 1906, da qualche anno ripresa come rievocazione storica.
Finita la bufera della prima guerra mondiale, con l'automobile diventata più adulta, venne avvertita la necessità, specialmente da parte dei costruttori, di avere in Italia un circuito permanente. Fu l'Automobile Club di Milano che lo realizzò, nel 1922, in poco più di 100 giorni.
Nacque così l'Autodromo di Monza, che sarebbe diventato, in tutto il mondo, un mito dell'automobilismo sportivo.
In questo volume sono raccontate, in rapida successione fotografica, le imprese più significative che hanno scandito la vita dell'Autodromo, compiute da famosi piloti su macchine straordinarie.
Sullo sfondo, la pista e gli impianti, che si sono continuamente evoluti per seguire, e talvolta precedere, le esigenze di uno Sport che affascina ed entusiasma centinaia di milioni di persone in tutto il mondo.

Ludovico Grandi
Presidente dell'Automobile Club di Milano

The "mechanical horses" that began to travel the roads at the end of the 19th century immediately provoked in their drivers' an urge to compete among themselves, to discover who was the best at the wheel and who had the most powerful "horse".
The desire to organise races, to plan routes and ponder regulations were among the reasons that encouraged 44 motoring pioneers to establish the Automobile Club of Milan on a distant 3 June 1903. In fact, one of the motives stated in the founding statute of the club was "that it would favour the development of tourism and motor sport".
Racing took place on the public roads at the time. The oldest event organised by the Automobile Club of Milan was the 1906 Milan-San Remo, a historic commemoration run of which has been held in recent years.
With the turmoil of the First World War at an end and the automobile having become more adult, the need was felt, especially by the vehicle manufacturers, to have a permanent circuit in Italy. The Automobile Club of Milan built just such an amenity in 1922 in not many more than 100 days. That is how the autodrome of Monza was born, and would become a motor racing legend throughout the world.
In a rapid succession of photographs, this book recounts the most significant events that have marked the life of the autodrome, the merit of famous drivers in extraordinary cars.
In the background, there is the track and its facilities, which have continually evolved to follow – and sometimes precede – the needs of a sport that fascinates and enthuses hundreds of millions of people across the world.

Ludovico Grandi
President of the Automobile Club of Milan

Scorrendo le pagine di questo libro, la successione delle fotografie, dagli anni Venti del secolo scorso sino ai giorni nostri, induce a una facile considerazione: quanto sono cambiate le automobili! Ma, sullo sfondo delle imprese sportive che le fotografie raccontano, si vede anche come l'evoluzione delle auto sia stata accompagnata dall'evoluzione degli impianti dell'autodromo. Basta guardare i box. Da quelli dell'anteguerra, semplici tettoie in legno ai bordi della pista, alle spaziose sale attuali, in un moderno edificio di vetro e acciaio di grande leggerezza ed eleganza. È stata questa capacità di rinnovarsi che ha fatto grande l'Autodromo di Monza. Perché ha potuto continuare a essere il luogo di sfida dei più grandi piloti e delle macchine più moderne e sofisticate, automobili ma anche motociclette. Perciò vi sono state scritte pagine fondamentali e indimenticabili dello Sport dei motori.
Il compito di noi amministratori dell'Autodromo è che pagine sempre più belle continuino a essere scritte in futuro.
Ma non soltanto questo. L'Autodromo deve estendere ancora la sua funzione sociale mettendo, come del resto già fa, i suoi impianti al servizio anche di attività e di incontri che esulano dallo sport del motore.
L'Autodromo si trova in un ambiente straordinario, qual è il Parco di Monza, con il quale convive da più di 80 anni. E nel quale non è struttura posticcia ed estranea, ma parte viva e vitale, in una simbiosi di valori – sportivi, ambientali, culturali, tecnici - che ne costituiscono un unità ineguagliabile.

Claudio Viganò
Presidente SIAS-Autodromo di Monza

Leafing through the pages of this book, the succession of photographs from the Twenties of the previous century until the present day induces one to reflect on how much cars have changed! And with the background of sporting exploits illustrated by the photographs, we can also see how the evolution of the automobile has been accompanied by that of the Monza autodrome and its facilities.
From pre-war pits that were simple wooden shelters at the side of the track to the spacious rooms of today, in a modern steel and glass building of tremendous lightness and elegance. And it has been this ability to renew itself that has made the Monza autodrome great. Because it has been able to continue to be a place of challenge among drivers and the most modern, sophisticated machines, cars but also motorcycles. It is for that reason such fundamental and unforgettable pages have been written on motor sport at Monza.
The task of us administrators of the autodrome is to ensure that even more fine pages continue to be written in the future.
But not only that. The autodrome must extend its social functions even further, also putting, as it does already, its facilities at the disposal of activities and meetings that exalt motor sport.
The autodrome is to be found in the extraordinary surroundings of Monza Park, with which it has lived side by side for 80 years. It is not an artificial and extraneous structure, but a living and vital part in a symbiosis of values –sporting, environmental, cultural, technical – which make up an entity that can never be equalled.

Claudio Viganò
President, SIAS-Autodromo of Monza

1922-1939

L'autodromo di Monza è ormai un mito.
Le imprese che vi hanno compiuto uomini straordinari per coraggio, volontà e bravura hanno assunto nella memoria collettiva i contorni sfumati ed esaltanti del mito. Che, come diceva Platone, è il racconto cha parla di dei ed eroi.
In questo libro racconteremo la storia dell'impianto più famoso del mondo, sorto nel 1922.
Il primo periodo in cui abbiamo diviso questa storia va dal 1922 al 1939. Furono anni di grandi sfide, di corse massacranti che potevano durare anche 10 ore. I protagonisti più famosi dei Gran Premi d'Italia furono Pietro Bordino, Felice Nazzaro, Antonio Ascari, Giuseppe Campari, Achille Varzi, Tazio Nuvolari… Alcuni di essi, come Varzi e Nuvolari, furono grandi campioni anche nelle motociclette, perché Monza fu subito la pista del Gran Premio delle Nazioni.
È stato un periodo tormentato da gravi incidenti, che indussero, negli anni Trenta, a rallentare quasi sempre le corse con chicane e tracciati particolari.

The Autodrome of Monza is by now a myth.
The feats accomplished by extraordinary men with courage, willpower and talent have assumed in the collective memory the shaded and exciting contours of myth. Which, as Plato said, is the story that speaks of gods and heroes.
In this book, we recount the story of the most famous racing circuit in the world, which began in 1922.
The first phase in which we have divided this story goes from 1922 to 1939. They were years of great challenges, of punishing races that could last for 10 hours. The most famous protagonists of the Grands Prix of Italy were Pietro Bordino, Felice Nazzaro, Antonio Ascari and Giuseppe Campari, Achille Varzi and Tazio Nuvolari.
Some of whom, like Varzi and Nuvolari, were also great champions on motorcycles because Monza was immediately the track of the Grand Prix of Nations.
It was a period tormented by grave accidents, which induced, in the Thirties, a slowing down of the races with chicanes and special tracks.

Lo schieramento di partenza del Gran Premio d'Italia del 1923. In primo piano, da sinistra, la Miller di Jimmy Murphy e la Rolland Pilain di Gujot.

The 1923 Grand Prix of Italy grid. The picture shows Jimmy Murphy's Miller in the foreground on the left and includes Gujot's Rolland Pilain.

L'automobile, appena nata, fu subito sportiva. Quando la nuova, straordinaria invenzione, la "carrozza senza cavalli", mosse i primi passi nell'ultimo decennio dell'Ottocento, lo spirito della sfida iniziò subito a serpeggiare nell'animo dei pionieri di quella nuova meraviglia del progresso.
Avvolti in lunghe palandrane, occhialoni e cappellacci per difendersi dalla polvere, sobbalzavano per ore sulle sconnesse strade del tempo per assaporare una vittoria che aveva, come ispiratore il culto di una nuova dea: la velocità.
In origine, il " monstrum" che la scatenava, tra nuvole di fuoco e metallici stridori, fu di genere maschile. Tale rimase sino al 1904, quando diven-

The motor car became a sporting device soon after it was invented. The horseless carriage was an extraordinary new contrivance, and it had hardly turned a wheel in the final decade of the 19th century before the spirit of challenge began to stir in the hearts of the pioneers of that new form of transport. Swathed in long car coats, peering through goggles and topped off by hats to protect themselves from billowing dust, they jolted along for hours on the bumpy roads of the period in search of a taste of victory, inspired by a cult that had quickly built up around a new goddess: speed.
The "mostrum" it sparked off amid clouds of smoke, flame and metallic screeching was of male

Una Fiat 12 HP guidata da Carlo Biscaretti durante il I Giro automobilistico d'Italia disputato nel 1901.

A Fiat 12 HP being driven by Carlo Biscaretti in 1901 in the Giro Automobilistico d'Italia.

Fabry, su Itala al I Gran Premio dell'Automobile Club di Francia disputato nel 1906.

Fabry in an Itala at the 1906 Gran Prix of the Automobile Club of France.

Il primo autodromo costruito fu quello di Brooklands, inaugurato nel 1907.

The first motor racing circuit ever built was Brooklands in England, opened in 1907.

La prima corsa automobilistica al mondo fu la Parigi-Rouen del 1894. Nella foto, una Peugeot con motore Panhard&Levassor.

The world's first motor race was the 1894 Paris-Rouen. The car is a Peugeot with a Panhard & Levassor engine.

Partenza della Parigi-Bordeaux del 1901. Da sinistra, fra gli altri, si riconoscono: Louis Renault e Marcel Renault, fondatori della famosa Casa automobilistica francese.

The start of the 1901 Paris-Bordeaux race. From the left, Louis and Marcel Renault, founders of the famous French car manufacturer.

ne femminile poiché, come scrisse Gabriele D'Annunzio, "ha la grazia, la snellezza, la vivacità di una seduttrice".
La prima corsa in assoluto è considerata la Parigi-Rouen. Si svolse il 22 luglio 1894 e fu vinta dal barone Albert de Dion che, con una motrice a vapore, tagliò primo il traguardo dopo 126 chilometri, percorsi in 6 ore e 48 minuti (per una questione regolamentare la vittoria fu però attribuita a Lemaitre, giunto secondo con una Peugeot-Daimler a benzina).
In Italia, la prima corsa fu la Torino-Asti-Torino, di 93 chilometri, disputatasi il 18 maggio 1895, vinta da Simone Federmann su Daimler Omni-

gender at first: it stayed that way until 1904, when it also became feminine. As Italian poet and author Gabriele D'Annunzio once wrote, "it has the grace, the slenderness and vivacity of a seducer".
The first race ever held is believed to have been the Paris-Rouen, which took place on 22 July 1894 and was won by the good Baron Albert de Dion, who was first across the finish line after covering the 126 kilometres in his steam-powered vehicle in 6 hours and 48 minutes. But, due to the regulations for the event, victory was handed to second placed Lemaitre and his petrol driven Peugeot-Daimler.
The first race to be held in Italy was the 93-kilometre Turin-Asti-Turin. That took place on 18 May

I concorrenti che presero parte alla prima edizione della Milano-Sanremo, gara di regolarità organizzata nel 1906 dall'Automobile Club di Milano.

Competitors who took part in the first regularity race from Milan to San Remo in 1906, organised by the Automobile Club of Milan.

Le vetture alla partenza del I Gran Premio d'Italia del 1921, disputato sul circuito di Montichiari, vicino Brescia: la Fiat 801/402 di Louis Wagner, la Ballot 3L di Ralph De Palma, la Fiat 801/402 di Pietro Bordino, la Ballot 3L di Jacques Chassagne, la Fiat 801/402 di Ugo Sivocci, la Ballot 3L di Jules Goux, che si aggiudicò la prima edizione del Gran Premio.

Cars entered for the first Grand Prix of Italy in 1921, which was held on the Montichiari circuit near Brescia. Those in picture include Louis Wagner's Fiat 801/402, Ralph De Palma's Ballot 3L, the Pietro Bordino's Fiat 801/402, Jacques Chassagne's Ballot 3L, Ugo Sivocci's Fiat 801/402 and the Ballot 3L driven by Jules Goux, who won the race.

Un'immagine scattata durante la Targa Florio del 1907, che rappresentò per molti anni una delle grandi "classiche" dell'automobilismo.

A picture taken during the 1907 Targa Florio, one of the motor racing classics.

Un'Alfa Romeo 40-60 HP costruita nel 1914. Disponeva di un motore di 6000 cc e raggiungeva i 120 km/h.

An Alfa Romeo 40-60 HP, built in 1914 and powered by a 6,000 cc engine, which took the car to 120 km/h.

Il giovane Battista Farina, detto Pinin, taglia il traguardo della corsa in salita Aosta-Gran San Bernardo del 1921, al volante di un'Itala. Iscritto nella categoria Turismo, classe 3000 si classificò all'ottavo posto in classifica assoluta.

A young Battista Farina, called Pinin, crosses the finish line of the Aosta-Gran San Bernardo hillclimb of 1921 at the wheel of an Itala. Entered in the Turismo category, 3000 class he classified eighth in the overall classification.

I primi due progetti per un autodromo, commissionati dall'Automobile Club di Milano. L'impianto, nel disegno sopra, era previsto nella "brughiera" di Gallarate, mentre quello raffigurato nell'immagine in basso sarebbe dovuto sorgere alla Cagnola, all'epoca periferia di Milano, in zona Sempione. Erano entrambi "a catino", sul modello di quello di Indianapolis.

The first two projects for a racing circuit commissioned by the Automobile Club of Milan. The installation in the layout above was to be built in the "Brughiera" area of Gallarate, while the one below was to have been constructed at Cagnola, in the Sempione region on the outskirts of Milan. They were both bowl-shaped and based on the Indianapolis brickyard layout.

bus a 4 posti alla media di 15,5 chilometri l'ora.
Già all'epoca il successo nelle corse era considerato un importante mezzo per scopi pubblicitari. Non a caso, nell'elenco iscritti di quelle prime competizioni, figuravano nomi di personaggi poi divenuti fondatori di grandi Case automobilistiche: Agnelli, Lancia, Citroën, Renault.
Le manifestazioni più importanti dell'epoca erano rappresentate dalla Coppa Gordon Bennet, iniziata nel 1900, il Gran Premio di Francia e la Targa Florio del 1906. Dello stesso anno fu anche la Coppa Milano-Sanremo, organizzata dal neonato Automobile Club di Milano, fondato nel 1903.
Nel 1907 sorse il primo autodromo del mondo, a Brooklands e, nel 1911, quello di Indianapolis. Monza fu il terzo.
La prima guerra mondiale portò alla sospensione delle corse automobilistiche, che ripresero in Italia nel 1919 con la Parma-Poggio di Berceto e la Targa Florio. Nel 1921 si disputò il primo Gran

1895 and was won by Simone Federmann at the wheel of a four-seater Daimler Omnibus at an average of 15.5 kilometres an hour.
Even in those early days, success in racing was considered important publicity material in the promotion of the brand. So entry lists for those primeval events included the names of people who were to become the founders of car manufacturing companies: names like Agnelli, Lancia, Citroën and Renault. The most important races of the period were those of the Gordon Bennett Cup series, which began in 1900. Then came the Grand Prix of France and the Targa Florio in 1906. That was also the year the Automobile Club of Milan, which was founded in 1903, organised a race from Milan to San Remo.
The first purpose-built, enclosed race track was opened at Brooklands, England, in 1907 and the second was at Indianapolis in 1911: the third was Monza.

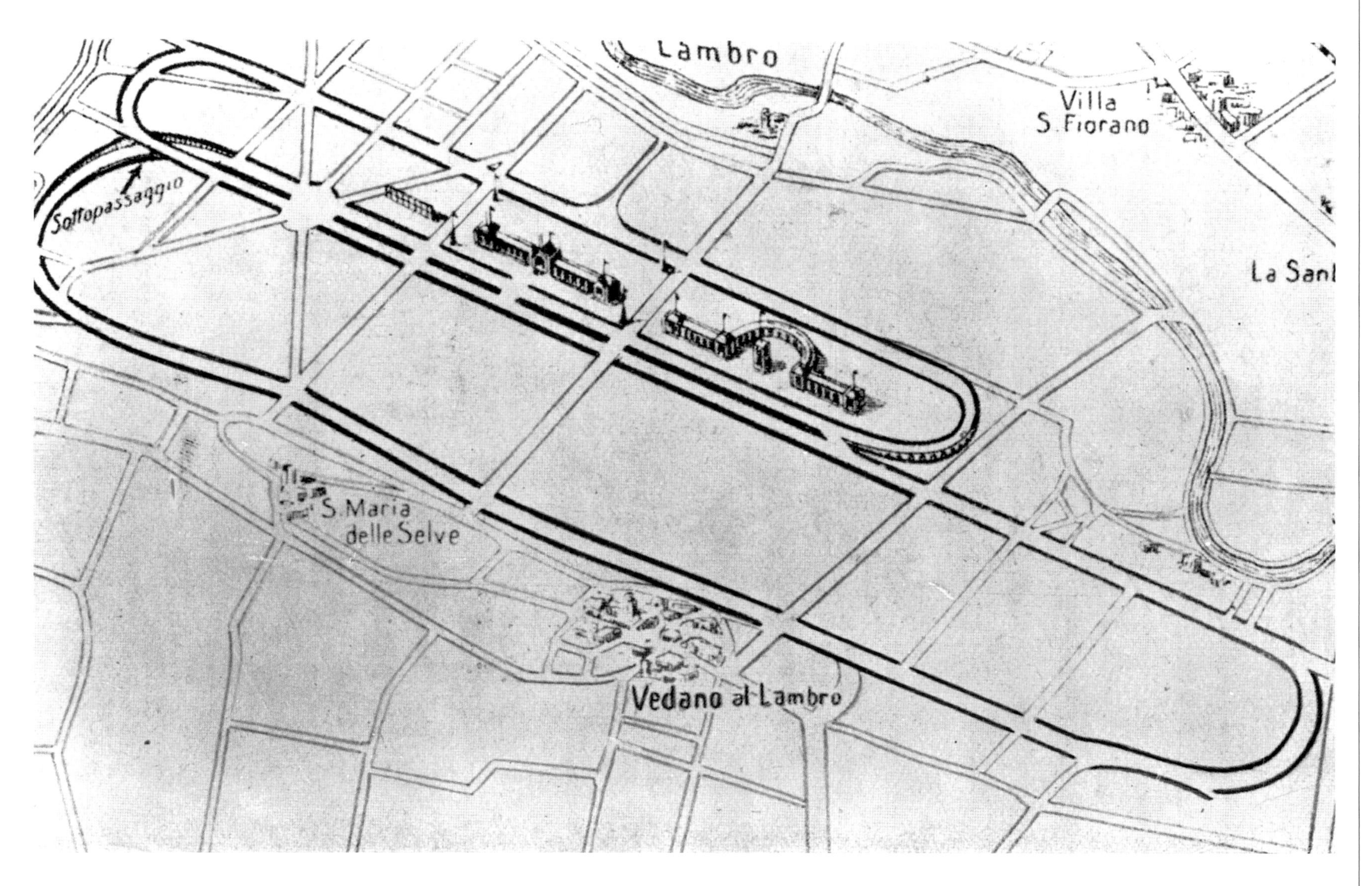

Premio d'Italia, che continuò a essere la più importante corsa automobilistica nazionale. Si svolse sul circuito di Montichiari, a Brescia, e fu vinto da Jules Goux su Ballot 3L; la Fiat 801/402 di Louis Wagner arrivò terza, mentre quelle di Pietro Bordino e Ugo Sivocci si ritirarono.
Anche questa sconfitta accese il dibattito sulla necessità di avere a disposizione un impianto fisso da destinare alle competizioni motoristiche e alle prove sperimentali di autoveicoli e motoveicoli, come peraltro chiedevano le case costruttrici, sia per esigenze tecniche sia commerciali.
Raccogliendo queste istanze, la costruzione di un autodromo venne deliberata nel gennaio 1922 dal Consiglio direttivo dell'Automobile Club di Milano, che era stato fondato il 3 giugno 1903, al termine di un travagliato processo di divisioni e fusioni di alcune associazioni costituite da pionieri dell'automobile, la prima delle quali, il Club Automobilisti Italiani, era sorta nel 1897.

The outbreak of the First World War meant the suspension of motor racing, which started up in Italy again in 1919 with the Parma-Poggio di Berceto and the Targa Florio. The first Grand Prix of Italy took place in 1921 and was to remain the country's premiere motor sport event. The race took place on Brescia's Montichiari circuit and was won by Jules Goux driving a Ballot 3L, with Jacques Chassagne second in a similar car. Louis Wagner came third at the wheel of a Fiat 801/402, while the Turin cars of Pietro Bordino and Ugo Sivocci retired.
That Italian defeat sparked off quite a debate concerning the need for a permanent circuit in Italy for both motor racing and experimental car testing, a facility for which the car manufacturers were also calling to meet their technical and commercial needs.
The Automobile Club of Milan had been established in 1903 after a tormented process of the

Il primo progetto, poi abbandonato, per la realizzazione dell'autodromo nel Parco di Monza prevedeva due piste affiancate per una lunghezza totale di 14 chilometri.

The Monza Park autodrome first project, which called for two tracks together, comprising a total length of 14 kilometres, which was later dropped.

Ai lavori per la costruzione dell'autodromo, che fu realizzato in poco più di tre mesi, presero parte 3.500 operai.

The Monza autodrome under construction: it was completed by 3,500 workers in little more than three months.

La pista di Monza realizzata nel 1922. Era composta da un tracciato stradale di 5,5 km e da un anello con curva sopraelevata di 4,5 km, per un totale di 10 km. Nel 1939 quest'ultimo fu ridotto alla sola pista stradale di 6,3 km, modificata rispetto a quella originaria. Nel 1955 fu riportato a 10 km, sempre mantenendo l'anello d'alta velocità.

The Monza track, built in 1922. It comprised a combination road course of 5.5 kilometres and an oval with banked turns measuring 4.5 km for a total of 10 km. This was reduced to just a 6.3 km combination track in 1939, but was extended to 10 km again in 1955, taking in the high speed oval.

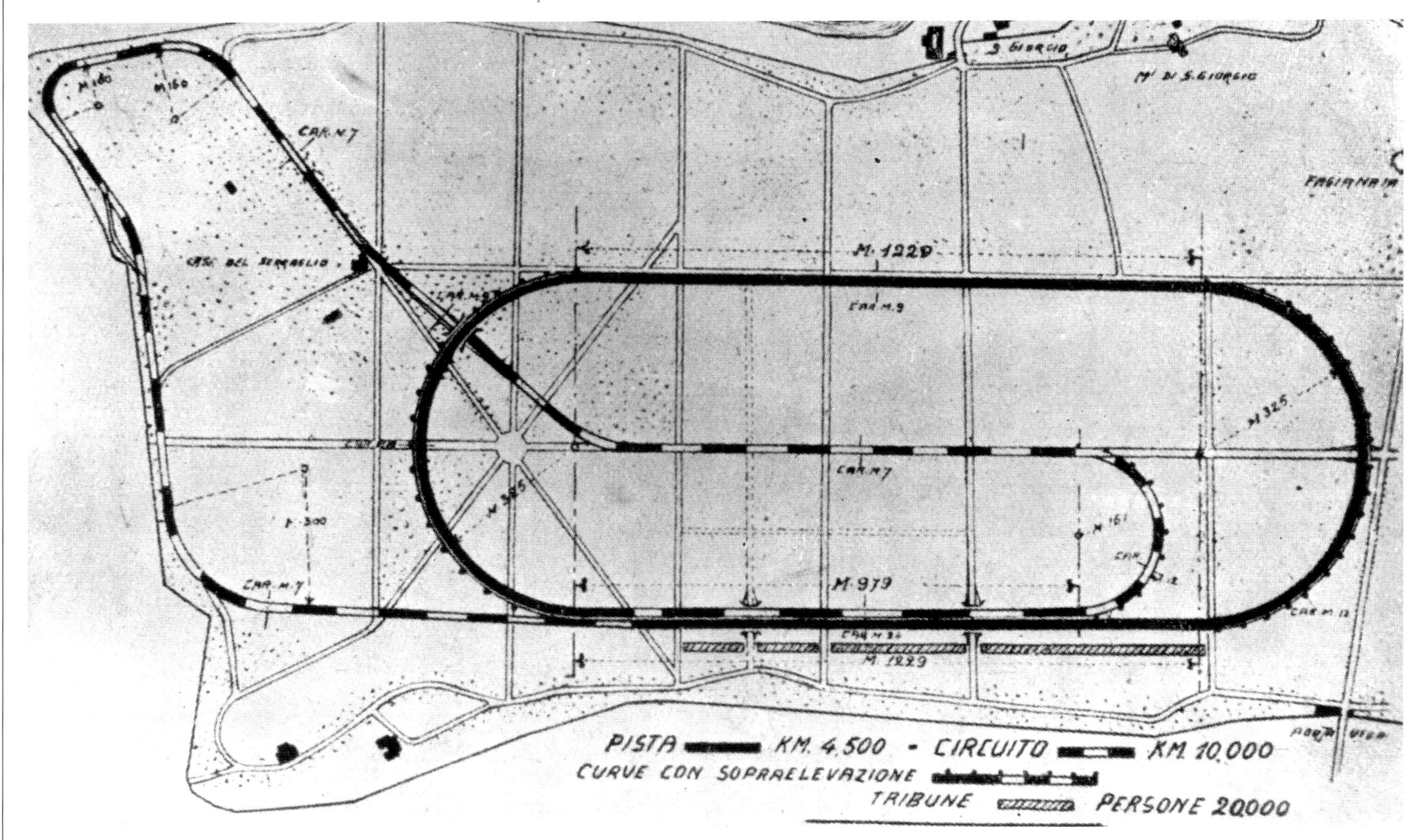

Per la localizzazione dell'autodromo si prospettarono varie ipotesi, le più concrete delle quali riguardavano la zona della "brughiera" di Gallarate, dove sorge oggi l'aeroporto internazionale della Malpensa, oltre a un'area che si trovava nel rione della Cagnola, allora periferico per Milano, vicino a corso Sempione. Le bozze di un progetto per queste due soluzioni prevedevano un circuito ad anello perimetrale con eventuali tracciati complementari all'interno. Successivamente, queste località furono però scartate, una poiché ritenuta troppo vicina alla città e l'altra perchè troppo lontana; al loro posto fu scelto il parco di Monza, che si trovava all'interno di un'ampia area recintata, non lontano da Milano e abbastanza ben collegata al capoluogo lombardo.
L'Opera Nazionale Combattenti, cui il Parco era a quel tempo affidato, mise volentieri a disposizione l'intera area.
Per la realizzazione e la gestione dell'autodromo fu costituita presso l'Automobile Club di Milano la Società Incremento Automobilistico e Sport (S.I.A.S.), che esiste tuttora, presieduta dall'allora presidente dell'ACM senatore Silvio Crespi. Il compito di redigere il progetto fu affidato all'architetto Alfredo Rosselli.
In fase preliminare si era pensato a un autodromo comprendente una pista di velocità e un anello stradale affiancati, dallo sviluppo complessivo di

division and fusion of a number of associations set up by some of the pioneers of motoring, the first of which was the Club Automobilisti Italiani, established 25 years earlier in 1897. After bringing together all of the demands, the board of the Milan Club discussed the construction of an autodrome at its January 1922 meeting.
A number of different locations were considered for the circuit, the most feasible of which was in the Brughiera area of Gallarate, the site of today's Malpensa Airport. Another was Cagnola, which was then on the outskirts of Milan but is now near the city's Corso Sempione. A draft project for both locations envisaged an autodrome with an oval as its perimeter, inside which would eventually be other complimentary tracks. But the two locations were later dropped, one because it was considered too close to the city and the other because it was too far away. They were superseded by Monza Park, which was already inside a large fenced and walled area not far from Milan and was well served by public transport to and from Lombardy's capital.
The Opera Nazionale Combattenti, who ran the park, was pleased to make the whole area available for the project.
The Automobile Club of Milan formed a special company called the Società Incremento Automobilistico e Sport (S.I.A.S.), with Senator Silvio Crespi as its president, to oversee the construction

Le tribune poste lungo il rettilineo e all'uscita dell'alta velocità erano in grado di ospitare 20 mila spettatori.

The stands on the straight and at the exit from the high speed oval could accommodate 20,000 spectators.

Le automobili che sfilarono per la prima volta sulla pista di Monza, nel mese di luglio del 1922.

The cars that took to the Monza track for the first time in July 1922.

Arturo Mercanti, direttore dell'Automobile Club di Milano, illustra i lavori compiuti.

Arturo Mercanti, director of the Automobile Club of Milan, illustrates the work carried out.

Lo stesso "trenino" che fu impiegato durante i lavori di costruzione dell'autodromo fu usato, nel 1922, anche per trasportare gli spettatori nei vari punti del circuito.

The train used during the construction of the autodrome was later used to transport spectators to various points along the circuit.

La prima gara all'autodromo di Monza, il 3 settembre 1922, fu il Gran Premio Vetturette, riservato ad automobili di 1500 cc di cilindrata. Si disputò sulla distanza di 600 km, pari a 60 giri. Vinse Pietro Bordino su Fiat, alla media di 134,006 km/h.

The first race took place at the Monza Autodrome on 3 September 1922 and was the Grand Prix of Voiturettes for 1,500 cc cars. The race ran for 600 km or 60 laps and was won by Pietro Bordino in a Fiat at an average speed of 134.006 km/h.

14 chilometri e il cui costo era stato preventivato in 6 milioni di lire. Già alla fine di febbraio fu posta la prima pietra da Vincenzo Lancia e Felice Nazzaro ma, qualche giorno più tardi, si manifestarono le prime perplessità di carattere ambientale. Vi fu l'intervento del sottosegretario alla Pubblica Istruzione, il quale ordinò la sospensione dei lavori per motivi di "valore artistico, monumentale e di conservazione del paesaggio". Per conciliare le diverse esigenze, si redasse un nuovo progetto con caratteristiche simili a quelle del primo, ma con uno sviluppo delle piste ridotto a 10 chilometri, per il quale arrivò, alla fine di aprile, il benestare ufficiale. L'area interessata era di 340 ettari.

I lavori iniziarono il 15 maggio 1922 con l'impegno di ultimarli entro il 15 agosto, cioè in soli tre mesi! Fu impiegato un enorme numero di uomini e di mezzi: 3.500 operai, 200 carri, 30 autocarri e una ferrovia Decauville di 5 chilometri con 2 locomotive e 80 vagoni. Nonostante fosse un periodo di fortissimi contrasti sociali, con scioperi, scontri di piazza, violenze d'ogni genere (che precedettero la salita al potere di Benito Mussolini, alla fine di ottobre), l'autodromo fu costruito nel tempo record di 110 giorni e la pista fu percorsa per la prima volta nell'intero suo sviluppo il 28 luglio da Pietro Bordino e Felice Nazzaro a bordo di una Fiat 570.

Il circuito completo di 10 chilometri comprendeva un tracciato stradale di 5,5 chilometri e una pista di velocità di 4,5 chilometri. L'anello era

of and manage the circuit, an organisation that still exists today. Responsibility for laying out the project was given to architect Alfredo Rosselli.

At first, an autodrome was considered that would cost 6,000,000 lire with a high speed circuit and a ring road totalling 14 kilometres. The instillation's foundation stone was laid as early as the end of February

1922 by Vincenzo Lancia and Felice Nazzaro, but a few days later doubts of an environmental nature began to be expressed. The under secretary for state education intervened and ordered the suspension of work citing reasons of "monumental, artistic and landscape importance".

A new project that took the different demands into account was developed: it had similar characteristics to the original, but the length of the tracks was reduced to 10 kilometres. That was officially approved at the end of April, with the area to be developed covering 340 hectares.

Work on the construction of the new Monza Autodrome began on 15 May 1922, an undertaking having been given to complete it by 15 August – in just three months. An enormous number of workers and machines contributed to the circuit's construction: they tallied 3,500 labourers, 200 carts, 30 trucks and a five-kilometre Decauville railway with two locomotives and 80 wagons. The circuit was built during a period of extremely serious social unrest, with strikes, fighting in the streets and all kinds of violence preceding Benito Mussolini's rise to power at the end of October.

caratterizzato da due curve sopraelevate su terrapieno, con un raggio di 320 metri, che si innalzavano di 2,60 metri rispetto al livello del suolo e che consentivano una velocità massima teorica di 180/190 chilometri l'ora; le curve sopraelevate erano raccordate da due rettifili lunghi 1.070 metri ciascuno.
La pista stradale presentava curve di diverso raggio - da un massimo di 600 metri a un minimo di 90 metri - con larghezza complessiva della sede stradale di 12 metri. I due rettifili principali erano collegati a sud dalla "curvetta" di 155 metri di raggio con lieve sopraelevazione. La pista stradale e quella di velocità si intersecavano a due livelli mediante un sottopasso in zona Serraglio; la pavimentazione dei rettifili era stata realizzata in macadam catramato, mentre quella di tutte le curve era in calcestruzzo, anch'esso catramato.
Il pubblico era ospitato in due zone distinte: tribune e parco. Nel recinto tribune, sul rettilineo davanti ai box, si trovavano la tribuna d'onore, con una capienza di 3.000 posti, e sei tribune laterali da 1.000 posti ciascuna, tutte costruite in legno e muratura. Nella zona parco erano state create gradinate all'esterno delle curve per l'alta velocità, della "curvetta" sud e in prossimità della confluenza tra le due piste. A più di ottant'anni di distanza, le strutture fondamentali dell'impianto e lo stesso tracciato delle piste, seppure modificati più volte, occupano ancora le posizioni originarie.
L'apertura ufficiale dell'autodromo avvenne il 3 settembre 1922, una giornata di pioggia, alla pre-

Even so, the work still only took a record 110 days and the full track was tested on 28 July by Pietro Bordino and Felice Nazzaro in a Fiat 570.
The full 10-kilometre autodrome included a 5.5 km combination road course and a 4.5 kilometre high speed oval. The oval was banked at both ends, each elevated section with a 320-metre radius and 2.60 metres above the ground. The banked turns were linked by two straights, each of 1,070 metres in length. The network permitted a theoretical top speed of 180-190 km/h.
The combination race track was made up of corners of varying radii, from a maximum of 600 metres to a minimum of 90, and had an overall width of 12 metres. The two main straights were linked at the southern end by a corner of 155 metres radius, which was also slightly banked. The track and the high speed oval were intersected at two levels by means of an underpass in the Serraglio area; the straights were surfaced with tarmacadam, while all the corners were of tarred concrete.
Spectators were accommodated in two distinct areas, the stands and the park. The VIP enclosed stand on the straight opposite the pits had a 3,000-seat capacity and there were six lateral stands, each of which seated 1,000 race goers: they were all built of wood and brick. Steps were made in the park area on the outside of the high speed banked turns, the south corner and near the meeting point of the two tracks. More than eighty years later, the basic structure of the installation and the layout of the tracks are still at those same locations, even

L'8 settembre 1922 si disputò il I Gran Premio delle Nazioni, sulla distanza di 400 km. Nella classe 500 cc vinse Ernesto Gnesa su Garelli, alla media di 101,098 km/h; nella classe 1000 cc vinse Amedeo Ruggeri su Harley-Davidson alla media di 104,323 km/h.

The first Grand Prix of Nations took place at Monza over a distance of 400 km on 8 September 1922. The 500 cc class was won by Ernesto Gnesa on a Garelli at an average of 101.098 km/h and the 1,000 by Amedeo Ruggeri riding a Harley Davidson, whose average was 104.323 km/h.

CIRCVITO DI MILANO
NEL PARCO REALE DI MONZA · 3 · 10 SETTEMBRE 1922

1922  2002

Il manifesto realizzato in occasione del primo Gran Premio d'Italia, disputato a Monza nel 1922. Il moderno impianto era però definito "Circuito di Milano".

The poster realised in occasion of the first Grand prix of Italy, disputed at Monza in 1922. The modern installation was, however, defined "Circuito di Milano".

Ernesto Gnesa, vincitore del primo Gran Premio delle Nazioni con la Garelli 350 alla media di 101,098 km/h.

Ernesto Gnesa, winner of the first Grand Prix of Nations on a Garelli 350 at an average of 101.098 km/h.

Sulla linea di partenza del Gran Premio d'Italia del 1922 si riconoscono, da destra: Guido Meregalli (Diatto), Paul De Vizcaya (Bugatti), Pietro Bordino (Fiat) che si aggiudicò la corsa. Su tutte le vetture, l'equipaggio era ancora composto da due persone, pilota e meccanico.

On the grid for the 1922 Grand Prix of Italy: entrants included, from the right: Guido Meregalli (Diatto), Paul De Vizcaya (Bugatti) and Pietro Bordino, who won the race in a Fiat. All cars were crewed by two people, the driver and riding mechanic.

Alcune vetture percorrono la pista d'alta velocità durante il Gran Premio d'Italia del 1923. All'esterno della curva, l'anello era alto 2,63 metri.

Cars on the high speed track during the 1923 Grand Prix of Italy. The outer area of the turn was 2.63 metres high.

Folla straripante in occasione di una delle prime edizioni del Gran Premio d'Italia a Monza. Davanti alle tribune si trovava un ampio "parterre".

Crowd overflowing on occasion of a first edition of the Grand Prix of Italy at Monza. In front of the stand is an ample "parterre".

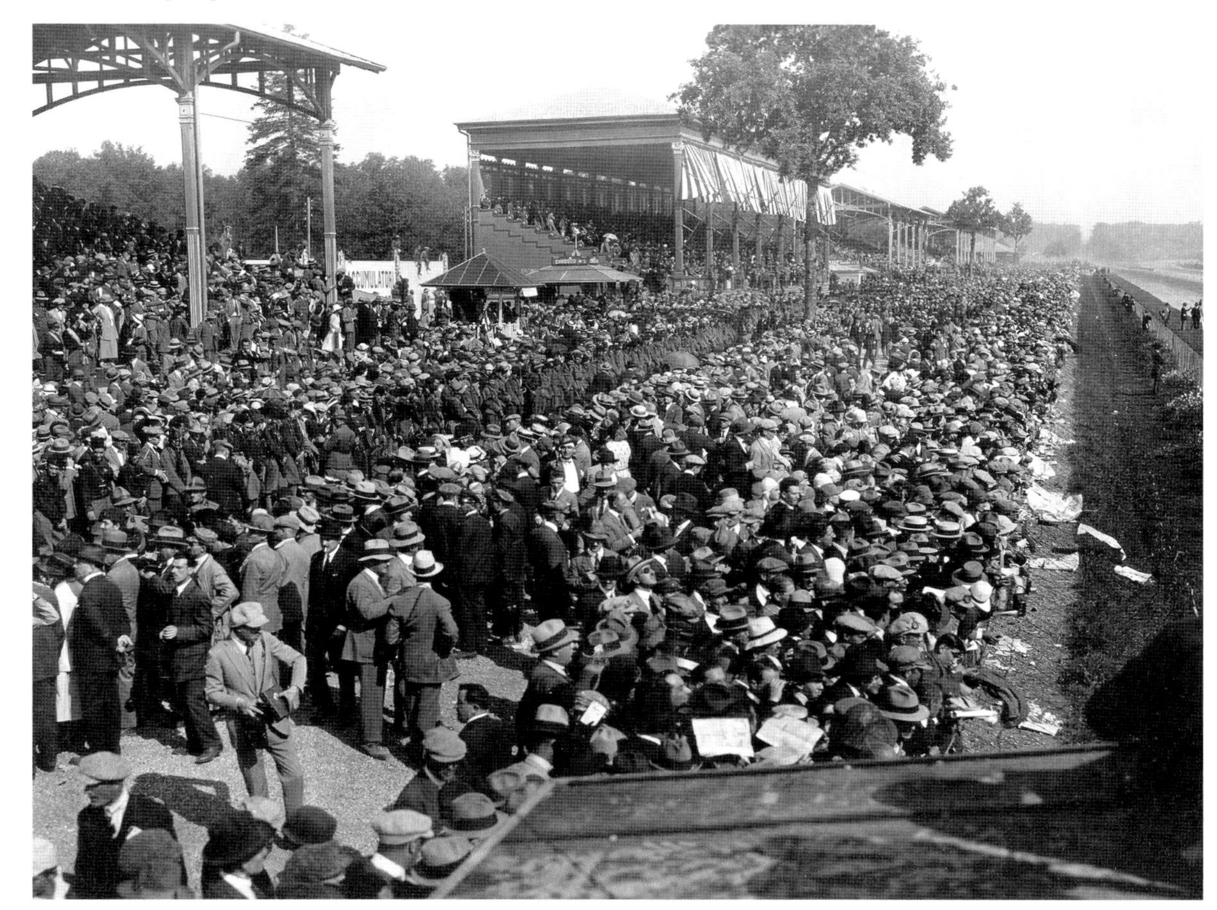

Sino al 1924 le vetture Grand Prix erano biposto, per ospitare pilota e meccanico. Nell'immagine, quest'ultimo salta a bordo della Fiat di Carlo Salamano, mentre s'appresta a ripartire dai box.

Grand Prix cars were two-seaters and carried a driver and mechanic until 1924.
Carlo Salamano preparing to pull away from the pits as his mechanic jumps aboard.

Felice Nazzaro su Fiat 805, la prima auto dotata di compressore, fotografata nel cortile delle rimesse dell'autodromo.

Felice Nazzaro in a Fiat 805, the first car to be fitted with a supercharger, photographed in the courtyard of the Monza garage.

La Guzzi 500 vincitrice del "Nazioni" del 1924, fu un modello che introdusse importanti innovazioni, come la distribuzione a 5 valvole con albero a camme in testa. Tali innovazioni segnarono l'iniziò di un periodo di supremazia per la Casa di Mandello.

The Guzzi 500, winner of the 1924 "Nations" was the model that introduced important modifications, such as five valves with an overhead camshaft and marked the start of a period of dominance by the Mandello, Italy, manufacturer.

Prima di diventare un asso del volante, Tazio Nuvolari fu un grande campione anche sulle motociclette. Corse ai massimi livelli per tutti gli anni Venti, in sella alle moto più prestigiose dell'epoca. Con la Bianchi vinse quattro edizioni consecutive del Gran Premio delle Nazioni (dal 1925 al 1928) nella classe 350.

Before becoming a racing car ace, Tazio Nuvolari was a great motorcycling champion; he competed in top-level events throughout the Twenties on the most prestigious bikes of the period. He won the 350 class of four consecutive Nations Grands Prix for Bianchi from 1925-1928.

La squadra Alfa Romeo al Gran Premio d'Italia del 1923. Da sinistra, seduti in macchina, si riconoscono: Antonio Ascari, Ugo Sivocci e Giuseppe Campari. A sinistra, in piedi, Enzo Ferrari. L'Alfa Romeo non prese parte a quell'edizione del Gran Premio, a seguito dell'incidente nel quale, in prova, perse la vita Sivocci. Il numero 17, che figurava sulla sua auto, non fu mai più usato in Italia.

The Alfa Romeo team at the 1923 Grand Prix of Italy. From the left, sitting in their cars, Antonio Ascari, Ugo Sivocci and Giuseppe Campari. Standing on the left is Enzo Ferrari. Alfa did not, however, compete in that GP, out of respect for Sivocci, who lost his life in an accident while practicing for the race. His car's number 17 was never used in Italy again.

La squadra Fiat a Monza nel 1923. Accanto alle 805, equipaggiate con il primo motore a compressore, si riconoscono Felice Nazzaro, Alessandro Cagno e Carlo Salamano, che si aggiudicò la corsa sulla distanza di 800 km alla media di 146,502 km/h.

The Fiat team at Monza in 1923. Near the 805, the first car to have a supercharged engine, are Felice Nazzaro, Alessandro Cagno and Carlo Salamano, who won the 800-kilometre race at an average of 146.502 km/h.

senza del Presidente del Consiglio Luigi Facta, con lo svolgimento del Gran Premio Vetturette (1100 cc), che fu vinto da Pietro Bordino su una Fiat 501 modello corsa.
L'8 settembre si svolse il primo Gran Premio motociclistico delle Nazioni, conclusosi con la vittoria assoluta di Amedeo Ruggieri su Harley Davidson 1000 e di Ernesto Gnesa con la Garelli 350 due tempi, mentre V. Fieschi fu primo fra le 500.
Il 10 settembre, davanti a una folla immensa di circa centomila spettatori, ebbe luogo la seconda edizione del Gran Premio d'Italia che, tranne in alcune occasioni in cui si disputò altrove, trovò da allora in Monza la propria sede naturale.
La formula delle auto da Grand Prix era di 2000 cc di cilindrata e peso minimo di 650 kg. In pista scesero poche vetture: tre Fiat, due Heim, una Bugatti e due Diatto. Vinse Pietro Bordino su Fiat 804, precedendo Felice Nazzaro su Fiat 805, in una gara di 800 chilometri, alla ragguardevole media di 139,855 km/h.

though they have been modified on numerous occasions.
The official opening of the autodrome took place on a wet 3 September 1922 in the presence of the Italian Prime Minister, Luigi Facta: the debut event was a Voiturette Grand Prix for 1100 cc cars, which was won by Pietro Bordino in a racing version of the Fiat 501.
The Nations Motorcycle Grand Prix was held at Monza on 8 September and the 1,000 cc class of the event was won by Amedeo Ruggieri riding a Harley Davidson, the 500 by V. Fieschi and the 350 cc by Ernesto Gnesa on a Garelli.
The second Grand Prix of Italy took place at Monza on 10 September before a huge crowd of no fewer than 100,000 spectators. After that, the country's premiere motor race would be held annually at Monza almost without exception, so that the circuit became its natural home.
The Grand Prix formula of the day dictated that cars had to be of 2,000 cc and weigh at least 650

I personaggi dell'Alfa Romeo, ritratti ai box dell'autodromo di Monza (all'epoca semplici tettoie in legno), erano già famosi o si apprestavano a diventarlo. Da destra: Enzo Ferrari, all'epoca pilota, Giuseppe Merosi, con il berretto, progettista di numerosi celebri modelli della Casa del Portello, Nicola Romeo, proprietario della fabbrica di Milano, e Giorgio Rimini, suo assistente.

Alfa Romeo's leading personalities photographed in the Monza pits, the simple roofs of which were made of wood in those days: most members of the team were already famous or on their way to becoming well known. From the left, Enzo Ferrari, who was a driver at the time, Giuseppe Merosi wearing the beret and designer of numerous celebrated models built by the Portello manufacturer, Nicola Romeo, the Alfa factory owner, and his assistant Giorgio Rimini.

Vittorio Jano, il famoso progettista dell'Alfa Romeo, davanti alla P2 con cui Antonio Ascari vinse il Gran Premio d'Italia del 1924.

Vittorio Jano, the celebrated Alfa Romeo designer, in front of the P2 in which Antonio Ascari won the 1924 Grand Prix of Italy.

La Duesenberg di Tommy Milton, che aveva vinto a Indianapolis nel 1923: uno dei pochi casi in cui un'automobile da corsa americana prese parte a un Gran Premio europeo.

Tommy Milton's Duesenberg, which won at Indianapolis in 1923 and was one of the few American racing cars to compete in a European Grand Prix.

La famosa Alfa Romeo P2 costruita nel 1924. Aveva una cilindrata di 2000 cc, sviluppava 140 CV e raggiungeva la velocità di 225 km/h. Con quella straordinaria automobile, Antonio Ascari (il primo a destra fra quelli con il casco), vinse il Gran Premio d'Italia di quell'anno. Morì nel 1925 durante il Gran Premio di Francia, sulla pista di Monthléry.

The famous Alfa Romeo P2 built in 1924. The car had a 2,000 cc engine that generated 140 hp and took the P2 to a top speed of 225 km/h. Antonio Ascari, first the right among those wearing helmets, won the Grand Prix of Italy that year. He died after an accident during the 1925 Grand Prix of France at Montlhéry.

Un parcheggio in un'immagine degli anni Venti.
La zona sorgeva dove ora si trova il paddock.

A car park during the Twenties, which is now the autodrome's paddock.

Le rimesse dove venivano alloggiate le auto dei concorrenti. Sono rimaste pressoché uguali sino ai giorni nostri e rappresentano le più antiche testimonianze dell'autodromo degli anni Venti.

The garages in which competitors' cars were kept. The building has remained more or less the same right up until the present day and is the oldest part of the Twenties.

La Casa di Torino corse e vinse anche nel 1923 con Carlo Salamano al volante della Fiat 805, la prima auto da corsa a disporre di un motore sovralimentato. Poi la Casa torinese si ritirò dai Gran Premi.
Nel 1924 fece il proprio ingresso sulla scena dei Grand Prix una grande protagonista, l'Alfa Romeo, che vinse il Gran Premio d'Italia con la favolosa "P2", guidata da Antonio Ascari, il padre del futuro campione Alberto.
L'Alfa ripeté il successo nel 1925 con Gastone Brilli Peri, che fece registrare velocità di punta fantastiche per quei tempi, superiori ai 200 chilometri l'ora. Al V Gran Premio d'Italia fu inoltre attribuito il titolo di Campionato mondiale - vinto pertanto dall'Alfa Romeo - e vi parteciparono anche due Duesenberg, macchine americane che correvano a Indianapolis.
Erano frattanto entrate nell'agone sportivo altre marche che diventarono presto famose: le Bugatti e le Maserati, cui si aggiunsero, verso la metà degli anni Trenta, le case tedesche Mercedes-Benz e Auto Union.

kg. Not many took to the track for Monza's first Italian GP: just three Fiats, two Heims, a Bugatti and two Diattos. Pietro Bordino won the 800-kilometre race at an average 139.855 km/h in a Fiat 804: second was Paul De Vizcaya in the lone Bugatti T30.
Fiat also won the Grand Prix of Italy in 1923, this time with Carlo Salamano driving an 805, which was the first supercharged racing car. After that, the Turin manufacturer retired from that form of racing.
One of the greats of the sport made its debut in the 1924 premiere race of Italy at Monza: Alfa Romeo. The team, from Milan's Portello area, won first time out with the fabulous P2, driven by Antonio Ascari, father of Ferrari's future double world champion, Alberto.
Alfa repeated that success in 1925: this time Gastone Brilli Peri won the fifth Grand Prix of Italy and secured the world championship for Alfa. Two Indianapolis Duesenbergs also competed in a race in which Giuseppe Campari came second and recorded a top speed of 200 km/h, which was exceptional for the period.

L'invasione di pista a Monza rappresenta un'antica tradizione. Siamo negli anni Venti e, proprio come ora, gli spettatori accorrevano a festeggiare il vincitore.

The public invasion of the Monza track is an old tradition. This picture was taken in the Twenties and, as they do today, spectators delighted in saluting the winner.

Preparativi per la partenza del Gran Premio d'Italia del 1926. In prima fila, da destra: le due Bugatti di Jean Charavel e Meo Costantini, oltre alla Maserati dello stesso Alfieri Maserati.

Preparations for the start of the 1926 Grand Prix of Italy. On the front row from the right are the two Bugattis of Jean Charavel and Meo Costantini and Alfieri Maserati's car of his own design and construction.

Nelle edizioni 1926 e 1927 del Gran Premio d'Italia la cilindrata delle auto scese da 2000 cc a 1500 cc, con la conseguente riduzione delle medie di circa 15 chilometri l'ora. Le auto in grado di soddisfare la nuova formula erano ancora poche, così come le case che si impegnarono a costruire motori di 1,5 litri. Pertanto, nei due anni in cui quella formula rimase in vigore, pochi furono i partecipanti al Gran Premio d'Italia. Nel 1926 vinse Jean Charavel su Bugatti, in una gara che vide alla partenza tredici vetture, di cui però sette erano iscritte nella categoria "Vetturette", con un minor numero di giri da percorrere e una specifica classifica per l'apposito Gran Premio. Nel 1927, con sole sei auto alla partenza, di cui tre americane (una Duesenberg e due Miller), la vittoria andò a Robert Benoist su Delage, davanti a Giuseppe Morandi su O.M.
Gran Premio d'Italia a parte, le manifestazioni di maggiore rilievo in quel periodo ebbero come

In the meantime, other marques soon to become famous were beginning to emerge, among them Bugatti, Maserati and, in the mid-Thirties, Auto Union and Mercedes-Benz.
New regulations meant the cars that were entered for the 1926 and 1927 Grands Prix of Italy were no longer powered by 2000 cc engines, but those of 1500 cc. That brought a consequent reduction in average speeds of about 15 km/h, although there were still few cars able to meet the demands of the new formula – and a scant number of manufacturers building 1.5-litre engines. So not many entries took to the grid for the Italian GP of '26, which was won by Jean Charavel in a Bugatti T39A. The race only attracted 13 starters, seven of which were entered in the Voiturette category. The smaller cars had fewer laps to cover and there was a Grand Prix Voiturette classification especially for them. Only six cars started the 1927 GP at Monza, three of them (one Duesenberg and two

Vetture ai box. Il pilota provvedeva personalmente al rifornimento.

Cars in the pits. The driver is personally replenishing the car.

Una Sunbeam 500 "Isola di Man" degli anni Venti. La marca inglese vinse quattro Gran Premi delle Nazioni, dal 1926 al 1929.

A Twenties Sunbeam 500 Isle of Man. The British motorcycle won four Grands Prix of Nations, from 1926-1929.

Gran Premio d'Italia 1928. Louis Chiron con la Bugatti 35 C (n. 28) ed Emilio Materassi con la Talbot (n. 18) si avviano verso la linea di partenza. La gara fu vinta da Chiron. Materassi perse la vita nell'incidente in cui morirono anche ventisette spettatori. Fu la sciagura più grave nella storia dell'autodromo.

Louis Chiron in Bugatti T35 C number 28 and Emilio Materassi in a Talbot (18) on their way to the start line for the 1928 Grand Prix of Italy. The race was won by Chiron, but Materassi lost his life in an accident, in which 27 spectators also died. It was the worst disaster of its kind in the autodrome's history.

L'auto di Emilio Materassi nel fossato davanti alle tribune. Dopo il grave incidente, il Gran Premio d'Italia non fu disputato per due anni consecutivi e fu sostituito dal Gran Premio di Monza.

Emilio Materassi's car in a ditch in front of the stands. The Grand Prix of Italy did not take place for another two years after this fatal accident and was replaced by the Grand Prix of Monza.

Foto di gruppo. Da sinistra: Antonio Brivio, Giulio Aymini, Willy Williams, Louis Chiron, Giuseppe Campari, Giulio Foresti, Achille Varzi.

A group photograph of, from the left: Antonio Brivio, Giulio Aymini, Willy Williams, Louis Chiron, Giuseppe Campari, Giulio Foresti and Achille Varzi.

Le auto allineate per il Gran Premio di Monza del 1929, la gara che quell'anno sostituì il Gran Premio d'Italia e che si disputò soltanto sull'anello di alta velocità.

Cars lined up for the start of the 1929 Grand Prix of Monza, which took the place of the Italian Grand Prix that year and was only run on the high speed oval.

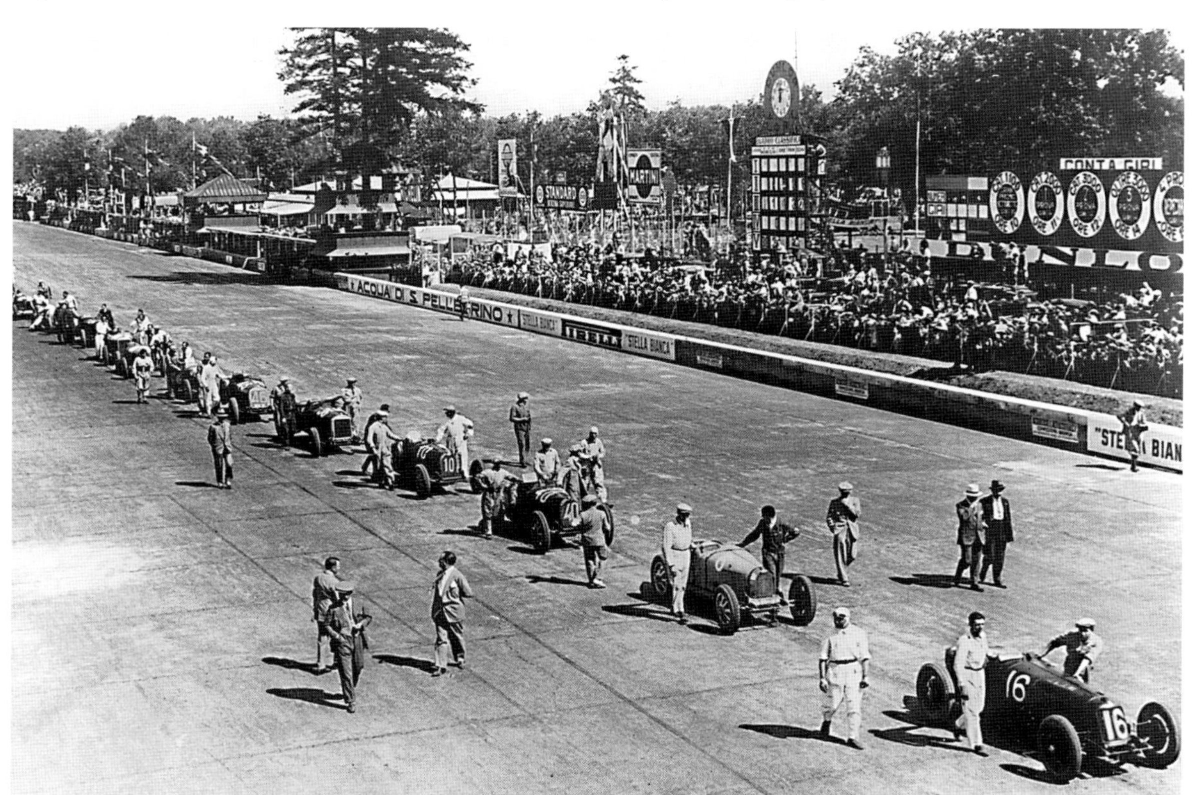

Le vetture schierate in pista all'altezza del sottopasso di Vedano, prima della partenza del Gran Premio d'Italia del 1928.

The cars on the track near the Vedano underpass before the start of the 1928 Grand Prix of Italy.

protagoniste le motociclette, che gareggiarono regolarmente a Monza sino al 1973, quando si verificò l'incidente in cui persero la vita Renzo Pasolini e Jarno Saarinen; malgrado quel tragico episodio le moto tornarono anche altre volte sulla pista brianzola.
Al Gran Premio delle Nazioni del 1924 si affermò la Guzzi 500 monocilindrica guidata da Guido Mentasti; fu quella la prima vittoria di una marca italiana nell'olimpo delle due ruote. A partire dalla stagione successiva, si consolidò per alcuni anni la supremazia della Bianchi monocilndrica bialbero fra le 350 cc; con il grande Tazio Nuvolari vinse quattro edizioni consecutive dal 1925 a 1928, e con Amilcare Moretti fu ancora prima nel 1929. Anche nelle 500 cc, dal 1926 al 1929, vi fu un'incontrastata dominatrice: la Sunbeam, vittoriosa in due occasioni con Achille Varzi, Luigi Arcangeli e Giuseppe Franconi.
Nel 1926 esordì la Moto Guzzi 250 monoalbero che diede inizio a una serie positiva difficilmente eguagliabile, conquistando sempre i primi tre posti nella rispettiva cilindrata. Analoga situazione si registrò nella classe 175 per merito della Benelli, che iniziò a primeggiare dal 1927.
Sempre sul tracciato completo di 10 chilometri si gareggiò anche per le competizioni minori come il Gran Premio Turismo motociclistico e il Crite-

Millers) racers from America: but victory went to Robert Benoist in a Delage, with Giuseppe Morandi second in an OM.
The Grand Prix of Italy apart, the most significant races of the period were for motorcycles, which competed at Monza until 1973, the year Renzo Pasolini and Jarno Saarinen lost their lives in an accident at the autodrome. But bikes did make an occasional return to Monza after the tragedy.
In 1924, Guido Mentasti won the Grand Prix of Nations on a single horizontal cylinder Moto Guzzi 500, which was the first victory for and Italian marque among the two-wheel elite. In the seasons that followed, the twin-cam single cylinder Bianchi consolidated its supremacy in the 350 cc class: then the great Tazio Nuvolari won four consecutive Nations GPs for the manufacturer from 1925-28 and Amilcare Moretti was the victor in 1929. The 500 cc category also had a four-year dominator in Sunbeam, who won twice with Achille Varzi and once each with both Luigi Arcangeli and Giuseppe Franconi.
In 1926, the single-cam Guzzi 250 began a cycle of successes it would be difficult to beat, always taking the first three places in its category. Benelli, who started to do well in 1927, pulled off the same feat in the 175 cc class.
Lesser motor races also took place on the full 10-

Achille Varzi, al centro, vincitore del Gran Premio di Monza del 1930 su Maserati 26 M. Alla sua destra, Luigi Arcangeli, giunto secondo. Varzi fu il grande antagonista di Nuvolari; come il mantovano, proveniva dal motociclismo. Vinse diverse corse all'estero, la Mille Miglia e altre gare importanti, ma mai il Gran Premio d'Italia. Morì nel 1948 durante le prove del Gran Premio di Svizzera, a Berna.

Achille Varzi (centre), winner of the 1930 Grand Prix of Monza in a Maserati 26 M. On his right is Luigi Arcangeli, who came second in a similar car. Varzi was Tazio Nuvolari's great rival, both of them coming from motorcycle racing. Achille won a number of foreign Grands Prix, the Mille Miglia and other races, but never the Italian GP. He died in an accident while practicing for the 1948 Swiss Grand Prix at Berne.

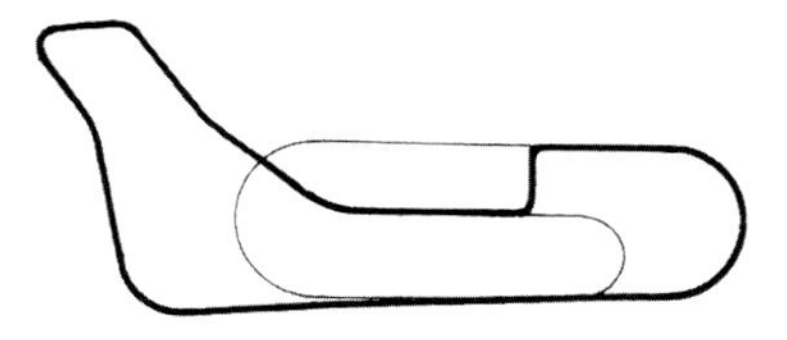

Il tracciato ideato da Vincenzo Florio, utilizzato per il Gran Premio di Monza e il Gran Premio delle Nazioni del 1930.

The circuit designed by Vincenzo Florio, used for the Grand Prix of Monza and the Nations GP in 1930.

rium Sidecars, nel 1923, e il Gran Premio automobilistico della Fiera nel 1925 e nel 1926. Lo stesso anno, si disputò il Gran Premio di Milano, vinto da Meo Costantini su Bugatti.
Nel 1927 si corse per la prima volta il Gran Premio di Monza, che si disputò sino al 1933, spesso con le stesse vetture e gli stessi piloti che partecipavano al Gran Premio d'Italia. Nel 1927 si corse anche la Coppa delle Dame, vinta da Pina Conti su una vetturetta Bugatti.
Nel 1928 entrò in vigore una nuova norma relativa al peso, che prevedeva l'utilizzo di vetture tra i 550 e i 750 kg, senza alcun limite di cilindrata. Le grandi Case continuarono però a non impegnarsi.
Al Gran Premio d'Italia parteciparono ben ventitre vetture, quasi tutte Bugatti e Maserati che, nella maggior parte dei casi, erano proprietà di privati o scuderie che le affidavano a piloti professionisti per dividersi i ricchi premi in palio.

kilometre Monza circuit, including the 1923 Touring Grand Prix for motorcycles, the Sidecar Criterium, the 1925 and 1926 Fair Grands Prix. That same year, Meo Costantini won the Grand Prix of Milan at the autodrome in a Bugatti.
The Grand Prix of Monza was run for the first time in 1927 and continued until 1933, often with the same cars and drivers that competed in the Italian GP. The Ladies' Cup also took place in 1927 and was won by Pina Conti in a Bugatti Voiturette.
New weight regulations came into effect in 1928: they called for cars of between 550-750 kg, but with unlimited cubic capacity. Even so, the leading car makers still did not take to entering Grands Prix.
No fewer than 23 cars were flagged away for the 1928 Grand Prix of Italy, almost all of them Bugattis and Maseratis. Most were privately entered or the cars of teams that entrusted their racing machinery to professional drivers so that

Preparativi per la partenza delle classi 350 e 500 cc, in occasione del Gran Premio delle Nazioni del 1930.

Preparations for the start of the 350 and 500 classes of the 1930 Grand Prix of Nations.

Tazio Nuvolari su Alfa Romeo 8C, seguito da Achille Varzi su Bugatti 54 durante il Gran Premio d'Italia del 1931, che si disputò con la formula delle 10 ore e fu vinto dalla coppia Nuvolari-Campari che percorse 1.557,754 km.

Tazio Nuvolari in an Alfa Romeo 8C Monza, being followed by Achille Varzi in a Bugatti 54 during the 1931 Grand Prix of Italy. The race was run over 10 hours and was won by the Nuvolari-Campari crew, who covered 1,557.754 km.

Giuseppe Campari sull'Alfa Romeo 8C 2300 "Monza" cc con la quale corse il Gran Premio d'Italia del 1931, nuovamente disputato sul circuito completo di 10 chilometri.

Giuseppe Campari in an Alfa Romeo 8C 2300 "Monza" in which he competed in the 1931 Grand Prix of Italy, which took place again on the full 10 kilometre circuit.

Durante quel Gran Premio d'Italia e d'Europa, vinto da Louis Chiron su Bugatti 35 C, davanti a Achille Varzi su Alfa Romeo P2 e a Tazio Nuvolari su Bugatti 35 C, si verificò un gravissimo incidente che provocò la morte, oltre che del pilota Emilio Materassi, di ventisette spettatori.
Il tragico episodio, dovuto a una collisione sul rettifilo delle tribune, provocò accese polemiche con la conseguente sospensione del Gran Premio d'Italia per due anni. Al suo posto, nel 1929 e nel 1930, auto e piloti da Grand Prix disputarono il Gran Premio di Monza. Nel 1929, proprio per le preoccupazioni sulla sicurezza, la corsa si disputò usufruendo unicamente dell'anello d'alta velocità: Achille Varzi su Alfa Romeo e Alfieri Maserati su Maserati toccarono per la prima volta i 200 chilometri l'ora nel giro più veloce.
Nel frattempo, il presidente della Commissione Sportiva Automobilistica, il mecenate siciliano Vincenzo Florio, aveva studiato un nuovo tracciato che, lasciando inalterate le strutture del circuito, utilizzava la sola parte stradale e la curva sopraelevata Sud, raccordate da un breve rettifilo e da due curve a 90°.

they could split the substantial prize money. A serious accident took place ahead of Achille Varzi's Alfa Romeo P2 and Tazio Nuvolari's Bugatti 35 C during the Grand Prix of Italy and Europe, eventually won by Louis Chiron in a Bugatti 35 C. Emilio Materassi and 27 spectators lost their lives in a tragedy that resulted from a collision on the straight in front of the stands and sparked off considerable controversy, which led to the Grand Prix of Italy being suspended for two years: so in 1929 and 1930, drivers and cars competed in the Grand Prix of Monza instead. In 1929, the race took place on the high speed oval alone, due to safety concerns. Achille Varzi in an Alfa Romeo and Alfieri Maserati in another car of his own construction touched 200 km/h for the first time when setting their fastest laps.
Meanwhile, Vincenzo Florio, president of the Italian Commissione Sportiva Automobilistica and an enthusiastic Sicilian patron of the sport, designed a new track: The layout left the basic structure of the circuit unchanged and used the combination race track and the southern banked turn, linked by a

Due concorrenti durante il Gran Premio d'Italia del 1931 si apprestano ad affrontare la curva dell'anello d'alta velocità.

Two competitors going into a high speed oval turn during the 1931 Grand Prix of Italy.

Tazio Nuvolari sull'Alfa Romeo P3 con la quale vinse il Gran Premio d'Italia del 1932. La P3 aveva una cilindrata di 2654 cc, 215 CV e raggiungeva i 232 km. Nuvolari, uno dei piloti più acclamati negli anni Trenta, oltre ai successi nel motociclismo, vinse parecchi Gran Premi, tra cui tre edizioni del Gran Premio d'Italia e due Mille Miglia.

Tazio Nuvolari in the Alfa Romeo P3 with which he won the 1932 Grand Prix of Italy. The car was powered by a 2,654 cc engine that put out 215 hp and delivered a top speed of 232 km/h. As well as his motorcycle racing successes, the Mantovano Volante, one of the most highly acclaimed drivers of the Thirties, won many car races, including three Grands Prix of Italy and two Mille Miglias.

Luigi Fagioli sulla Maserati V5 16 cilindri di 5000 cc con la quale giunse secondo, dietro a Tazio Nuvolari su Alfa Romeo P3, nel Gran Premio d'Italia del 1932. Fagioli, ottimo pilota, vinse i Gran Premi d'Italia del 1933, su Maserati 8CM, e del 1934, su Mercedes-Benz W25. Morì nel 1952 per i postumi di un incidente sul circuito di Montecarlo.

Luigi Fagioli in a 16-cylinder, 5,000 cc Maserati V5 in which he came second to Tazio Nuvolari and his Alfa Romeo P3 in the 1932 Grand Prix of Italy. Fagioli, who was an excellent driver, won the Italian GP in 1933 driving a Maserati 8CM and in 1934 at the wheel of a Mercedes-Benz W25. He died in 1952 after an accident while practicing on the Monaco street circuit.

Su questo circuito venne disputato nel 1930 il terzo Gran Premio di Monza, vinto da Achille Varzi su Maserati, alla media di 150,444 chilometri l'ora, davanti a Luigi Arcangeli e a Ernesto Maserati, anch'essi su vetture del Tridente. Per il livello dei piloti e delle auto che vi parteciparono (Tazio Nuvolari e Giuseppe Campari su Alfa Romeo, Rudolf Caracciola su Mercedes-Benz), questo Gran Premio di Monza venne inserito nell'albo d'oro del Gran Premio d'Italia. Sempre sul circuito Florio, che misurava 6.861 metri, si tornò a disputare nel 1931 il Gran Premio d'Italia con la formula delle 10 ore, durante le quali la coppia vincitrice Campari-Nuvolari percorse 1.557,754 chilometri su Alfa Romeo 8C 2300 denominata "Monza", che sviluppava 165 CV e gareggiava

short straight and two 90° corners. That was the circuit on which the third Grand Prix of Monza was held in 1930. The event was won by Achille Varzi in a Maserati at an average speed of 150.444 km/h, ahead of Luigi Arcangeli and Ernesto Maserati, who were also at the wheel of Trident badged cars. As top level drivers and cars competed in the event – Tazio Nuvolari and Giuseppe Campari in Alfa Romeos, Rudolf Caracciola in a Mercedes-Benz – that Grand Prix of Monza was included in the Grand Prix of Italy's role of honour. The national GP came back to Monza in 1931, when it was held on the 6,861-metre Florio circuit. The race was run over 10 hours, during which winners Nuvolari-Campari covered 1,557.754 kilometres in an Alfa Romeo 8C 2300 dubbed the

con i colori della Scuderia Ferrari gestita dallo stesso Enzo Ferrari.
L'anno successivo, per il Gran Premio d'Italia, si adottò ancora il limite della durata, ridotto a 5 ore. Nel 1933 si fissò una distanza di 500 chilometri, che fu prescritta per quasi tutti i Gran Premi sino al 1957, quando si scese a 400 chilometri (sino al 1970), per poi passare, da allora sino ai nostri giorni, attorno a circa 300 chilometri.
Negli anni Trenta i piloti di maggiore spicco erano Tazio Nuvolari, Achille Varzi, Giuseppe Campari (scomparso nel 1933), Luigi Fagioli, Meo Costantini, Giuseppe Farina che, insieme ai tedeschi Rudolf Caracciola, Hans Von Stuck e Bernd Rosemeyer, furono i maggiori protagonisti dei Grand Prix sino alla vigilia della seconda guerra mondiale.

Monza: it was a car that developed 165 hp and competed in Scuderia Ferrari colours, the team managed by Enzo Ferrari.
The following year, a duration limit was once again adopted for the Grand Prix of Italy, but it was cut to five hours. In 1933, a 500 kilometre distance was fixed for the event, as it was for almost all Grands Prix until 1957, when it was lowered to 400 km: that lasted until 1970, after which the limit was dropped again to around 300 km, which is where it stands today.
The top drivers in the Thirties were Tazio Nuvolari, Achille Varzi, Giuseppe Campari, who was killed in 1933, Luigi Fagioli, Meo Costantini and Giuseppe Farina of Italy and Rudolf Caracciola, Hans Stuck and Bernd Rosemeyer of Ger-

Lord Howe sulla Bugatti 51 con la quale prese parte al Gran Premio d'Italia del 1933. Questa vettura, con motore di 5000 cc, sviluppava una potenza di 270 CV e raggiungeva 270 km/h.

Lord Howe driving a Bugatti 51 in the 1933 Grand Prix of Italy. The car's five-litre engine generated 270 hp and had a top speed of 270 km/h

Tre famosi giornalisti posano con Enzo Ferrari ai box di Monza nel 1932. Da sinistra: Giovanni Canestrini, Emilio De Martino, Ciro Verratti.

Three well-known journalists pose with Enzo Ferrari in the Monza pits in 1932. From the left: Giovanni Canestrini, Emilio De Martino and Ciro Verratti.

Alfieri Maserati, oltre a essere un bravo pilota, con i fratelli Ettore, Bindo ed Ernesto, negli anni Venti, costituì a Bologna la "Officine Maserati", che sarebbero diventate famose per le auto da corsa e per le granturismo.

As well as being a talented racing driver, Alfieri Maserati and his brothers Ettore, Bindo and Ernesto established Officine Maserati in Bologna in the Twenties. The company would become famous for its racing cars and grand tourers.

I Gran Premi in Europa diventarono sette (Francia, Spagna, Germania, Belgio, Svizzera, Monaco, Italia) e tutti ebbero quasi sempre validità per il Campionato europeo.
Il circuito completo di 10 chilometri venne ripreso per il Gran Premio d'Italia del 1932, che fu vinto da Tazio Nuvolari su Alfa Romeo P3, davanti a Luigi Fagioli su Maserati Tipo V5; nel 1933, i due campioni si scambiarono posto e macchine: vinse Fagioli su Alfa Romeo P3 seguito da Nuvolari su Maserati 8C.
Durante il Gran Premio di Monza del 1933 (ottava e ultima edizione) persero la vita Giuseppe Campari, Baconin Borzacchini e Stanislao Czaykowski, tutti traditi da una macchia d'olio.
Il grave incidente indusse a studiare nuovi tracciati, abbandonando per sempre quello originario di 10 chilometri, che fu sostituito nel dopoguerra dalla sola pista stradale di 6.300 metri, costruita nel 1939. Il tracciato di 10 chilometri con anello di alta velocità fu ripristinato nel 1955

many: it stayed that way until 1939 and the outbreak of the Second World War.
At the time, seven European Grands Prix were run on the Continent: they were the French, Spanish, German, Belgian, Swiss, Monegasque and Italian, which were almost always counters towards the European Championschips.
The full Monza circuit was resurrected for the 1932 Grand Prix of Italy, which was won by Tazio Nuvolari in an Alfa Romeo P3: he was followed home by Luigi Fagioli in a Maserati Tipo V5. In 1933, the order and cars were reversed, with Fagioli first in a P3 and Nuvolari second in a Maserati 8C.
During the 1933 Grand Prix of Monza, the eighth and last in the series, Giuseppe Campari, Baconin Borzacchini and Stanislao Czaykowski all lost their lives after their cars hit a patch of oil. The tragic accidents led to the study of new circuit configurations. The original 10-kilometre track was scrapped forever and was replaced after the Second World War by one single 6,300-metre combination

Partenza del Gran Premio d'Italia del 1933. In prima fila si riconoscono, da sinistra, una Bugatti, una Maserati e un'Alfa Romeo. La gara fu vinta da Luigi Fagioli su Alfa Romeo P3.

The start of the 1933 Grand Prix of Italy. From the left, the front row of the grid is made up of a Bugatti, a Maserati and an Alfa Romeo. The race was won by Luigi Fagioli in an Alfa P3.

Il manifesto del'XI Gran Premio d'Italia del 1933.

A poster for the XI Grand Prix of Italy in 1933.

Negli anni Trenta una gara all'autodromo di Monza rappresentava anche un'ottima occasione per godersi una scampagnata nel verde del parco.

In the Thirties, a race at the Monza autodrome also provided a good opportunity for an outing to the green of the park.

Carlo Felice Trossi con l'Alfa Romeo della Scuderia Ferrari (che già portava lo scudetto con il Cavallino Rampante impresso sul fianco), ai box nel 1934.

Carlo Felice Trossi in the pits at Monza in 1934 with his Scuderia Ferrari Alfa Romeo, which already carried the Prancing Horse on its flanks.

ma conobbe un utilizzo limitato. Per il Gran Premio del 1934 furono utilizzati settori comprendenti la curvetta Sud, la curva sopraelevata Sud, il breve raccordo del "circuito Florio" e metà del rettifilo delle tribune, con una curva di ritorno da affrontare da fermo; sul circuito furono inoltre inserite due "chicane" artificiali. Dopo questi interventi le medie scesero drasticamente: i vincitori Luigi Fagioli/Rudolf Caracciola su Mercedes-Benz toccarono appena i 105 chilometri orari. Ebbe così inizio il periodo di supremazia delle auto tedesche, i cui successi vennero sfruttati sul piano propagandistico dal regime nazista. A esse si contrapposero le Bugatti (sino al 1935), le Maserati e le Alfa Romeo. Nel 1934 entrò in vigore la formula del peso massimo di 750 chilogrammi (senza le ruote), che durò sino al 1937, poi sostituita dalla formula della cilindrata 3000 cc per i motori aspirati e 4500 cc per quelli sovralimentati.

Nei due anni successivi le automobili tornarono a gareggiare sul circuito Florio, reso ancor più lento da un elevato numero di "chicane".

Sia nel 1935 sia nel 1936 vinsero le Auto Union guidate da Hans Von Stuck e Bernd Rosemeyer, rispettivamente alla media di 137,080 e 135,352

road course, which was built in 1939. The 10-kilometre complex, with its high speed oval, was brought back in 1955, but only for limited use.

Sectors of the autodrome were used for the 1934 Grand Prix, including the south curve, the banked turn in the same area, the short link with the Florio circuit and half the stand straight, and saw the return of the corner to be taken from standstill; Two artificial chicanes were also added to the circuit.

Average speeds dropped drastically with this new layout: winners Luigi Fagioli and Rudolf Caracciola only managed 105 km/h in their Mercedes-Benz. The period marked the start of the German cars' domination of Grand Prix motor racing, their victories exploited for propaganda purposes by the Nazi regime. The Silver Arrows' opposition comprised Bugatti – but only until 1935 – Maserati and Alfa Romeo.

A new weight limit of 750 kg without tyres and wheels came into effect in 1934 and continued until 1937, when the normally aspirated 3,000 cc and supercharged 4,500 cc formula took over.

For the next two years, races were run on the Florio circuit, which was made even slower by more chicanes. The Auto Unions of Hans Stuck and Bernd Rosemeyer won in 1935 and 1936 at aver-

La Mercedes-Benz W25 (3360 cc e oltre 300 CV) con la quale Luigi Fagioli vinse il Gran Premio d'Italia del 1934. Si trattava in realtà della vettura di Rudy Caracciola, che si era ritirato a causa di un'avaria meccanica.

The 3,360 cc, 300 hp Mercedes-Benz W25 in which Luigi Fagioli won the 1934 Grand Prix of Italy. The car was actually Rudy Caracciola's car, which had been retired with mechanical trouble.

Le vetture Grand Prix del 1934. (1) Alfa Romeo Tipo B, 8 cilindri, 2904 cc, 5400 giri/minuto, doppio compressore. (2) Maserati 8C M 3000, 8 cilindri, 2991 cc, 5800 giri/minuto, nuovo telaio allargato. (3) Bugatti 59 biposto, 8 cilindri, 3300 cc, telaio abbassato, ruote speciali. (4) Auto Union 16 cilindri, motore posteriore, 4360 cc, ruote anteriori indipendenti. (5) Mercedes-Benz tipo W25 A, 8 cilindri, 3360 cc, ruote indipendenti, carrozzeria carenata.

Grand Prix cars of 1934. (1) The eight-cylinder, 2904 cc Alfa Romeo Tipo B, with 5,800 rpm and twin superchargers. (2) Maserati's 8C M 3,000, eight cylinders, 2991 cc, 5,800 rpm, new wider chassis. (3) The Bugatti 59 two-seater, eight cylinders, 3,300 cc, low chassis, special wheels. (4) Auto Union's 16-cylinder, rear engine, 4,360 cc, and independent front suspension. (5) And Mercedes-Benz type W25 A, eight cylinders, 3,360 cc, independent suspension, faired body.

Nello Pagani in sella alla Miller 500 al Gran Premio Monza del 1935. Milanese, classe 1911, debuttò a 16 anni a Monza con una Ancora 125. Fu più volte campione italiano e campione mondiale, nel 1949, con la Mondial 125.

Nello Pagani astride a Miller 500 at the 1935 Monza Grand Prix. Born in Milan 1911, he made his debut at Monza when only 16 years old on an Ancora 125, won the Italian championship many times and the 125 world title in 1949.

Hans von Stuck, vincitore del Gran Premio d'Italia del 1935 con l'Auto Union B. Nato nel 1900, continuò a correre sino al 1953, ma il periodo in cui ebbe i maggiori successi coincise con gli anni Trenta.

Hans von Stuck, winner of the Grand Prix of Italy of 1935 with the Auto Union B. Born in 1900, he continued to race until 1953, but the period in which he had the major successes coincided with the Thirties.

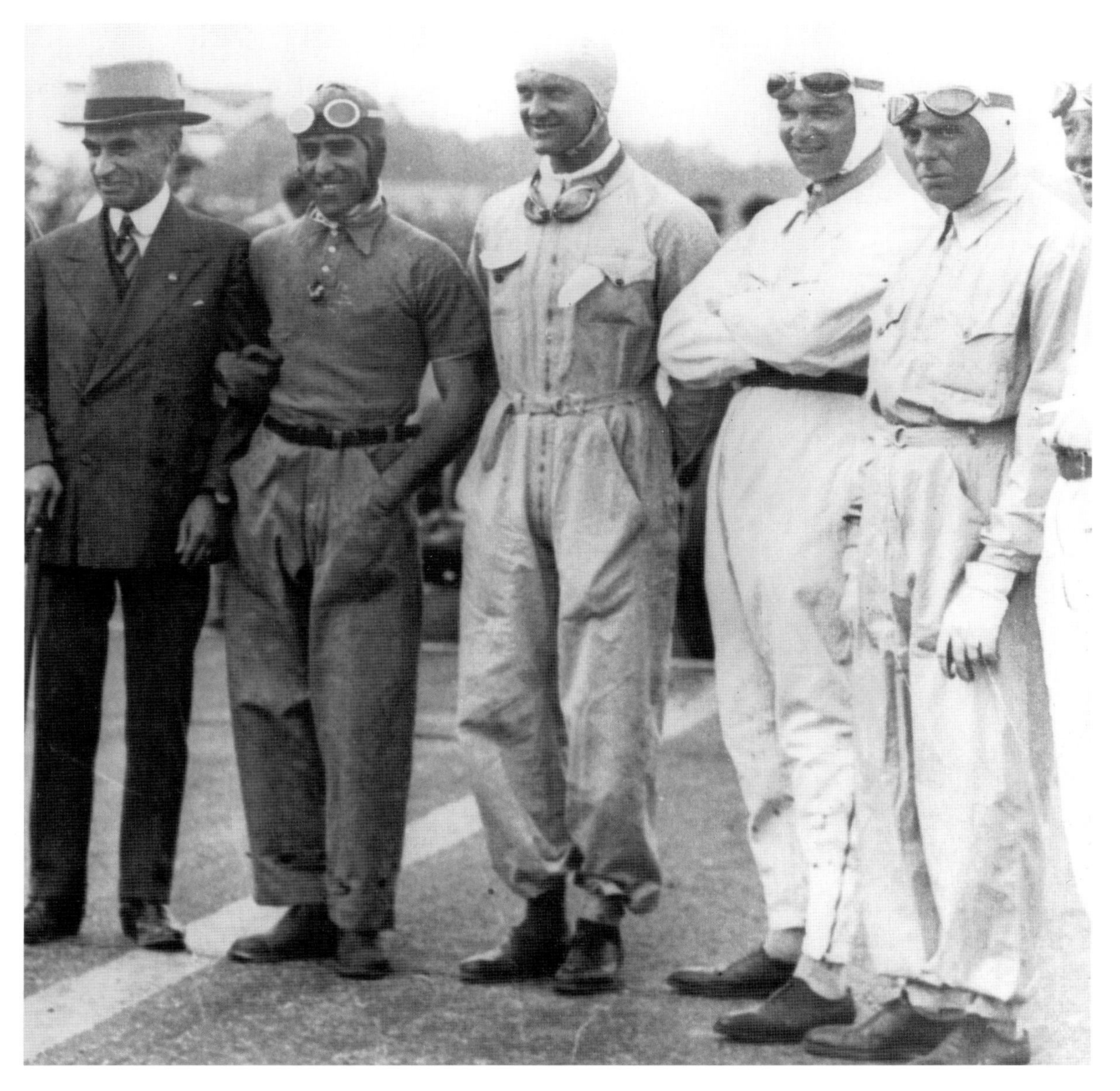
Il senatore Silvio Crespi, tra il 1905 e il 1932 presidente dell'Automobile Club di Milano, ripreso accanto a Tazio Nuvolari, Philippe Etancelin, Rudolf Caracciola e Achille Varzi nel 1935.

Senator Silvio Crespi, who was president of the Automobile Club of Milan from 1905-1932, photographed in 1935 with Tazio Nuvolari, Philippe Etancelin, Rudolf Caracciola and Achille Varzi.

chilometri orari, seguite in entrambi i Gran Premi dall'Alfa Romeo di Tazio Nuvolari.
Nel 1937 si gareggiò sul circuito di Livorno (città di Galeazzo Ciano, genero di Benito Mussolini) e la vittoria andò a Rudolf Caracciola al volante della Mercedes-Benz.
Nel 1938 il Gran Premio d'Italia tornò a Monza e venne utilizzato, per l'ultima volta, il "circuito Florio". Si registrò la vittoria di Tazio Nuvolari su Auto Union davanti a Giuseppe Farina su Alfa Romeo e a Rudolf Caracciola su Mercedes-Benz. Tutte e tre le vetture disponevano del motore sovralimentato da

age speeds of 137.080 and 135.352 km/h respectively. They were both chased across the finish line by Tazio Nuvolari's Alfa Romeo.
The 1937 Grand Prix of Italy was held in Livorno, the hometown of Mussolini's son-in-law Galeazzo Ciano, with victory going to Rudolf Caracciola and his Mercedes-Benz. But the event returned to Monza in 1938, when the Florio circuit was used for the last time. Tazio Nuvolari took the win in an Auto Union, ahead of Giuseppe Farina's Alfa and Rudolf Caracciola's Mercedes. All three cars were powered by supercharged 3,000 cc engines. Com-

3000 cc. Per sottolineare la vittoria di un italiano anche tra i piloti, dopo anni di dominio tedesco, Emilio De Martino scrisse sul "Corriere della Sera": "...un uomo nostro, che ha già i capelli rigati d'argento ma il cuore vibrante di giovinezza...".
Negli anni Trenta le corse all'autodromo di Monza furono limitate quasi esclusivamente ai Gran Premi di auto e di moto. Anzi, per motivi politici, nel triennio 1932-34, il Gran Premio motociclistico fu trasferito a Roma sul circuito del Littorio. Ritornò a Monza nel 1935, l'anno della guerra etiopica e delle sanzioni economiche contro l'Italia; per questo si disputò una gara a carattere solo nazionale sul circuito completo di 10 chilometri. Dal 1936 tornò a essere una "classica" internazionale e, nella classe 500, le BMW bicilindriche con compressore furono battute dalla Moto Guzzi bicilindrica di Omobono Tenni. Anche nel 1937 Giordano Aldrighetti con la quattro cilindri Gilera sovralimentata arrivò primo davanti ai pur forti tedeschi e ottenne sul giro più veloce una media di oltre 177 chilometri orari

menting on Nuvolari's victory after so many years of German driver domination, Emilio De Martino of the Italian daily Corriere della Sera wrote "...a man of ours, with grey hair, but with the vibrant heart of youth...".
During the Thirties, racing at Monza was almost completely limited to the car and motorcycle Grands Prix, although the 1932-34 bike events were transferred to Rome's Littorio circuit for political reasons. The race came back to Monza in 1935, the year of the Ethiopian war and sanctions against Italy; for that reason, the race was run at a national level only and took in run the full 10-kilometre circuit. But in 1936, it was back to the classical international-type event and in the 500 class the two-cylinder supercharged BMWs were beaten by the twin-cylinder Moto Guzzi ridden by Omobono Tenni. In 1937, Giordano Aldrighetti set a fastest lap averaging over 177 km/h on his supercharged four-cylinder Gilera on the combination track and wrested the race from the strong Germans entry. In 1938, the Grand Prix of

Gran Premio d'Italia 1936. Tazio Nuvolari su Alfa Romeo 8C, inseguito da Bernd Rosemeyer su Auto Union C, che si aggiudicò la gara. Quel Gran Premio fu disputato su un percorso comprendente il tracciato stradale e la parte sud dell'anello d'alta velocità, rallentato da chichane.

1936 Grand prix of Italy: Tazio Nuvolari at the wheel of an Alfa Romeo 8C, followed by Bernd Rosemeyer and his Auto Union Type C. The German won the race, which was run over a circuit that included the combination road course and the southern area of the high speed oval, slowed by chicanes.

Al Gran Premio d'Italia del 1938 l'Alfa Romeo partecipò con i modelli 312 (2987 cc, 12 cilindri, 340 CV) e 316 (2958 cc, 16 cilindri, 360 CV).

Alfa Romeo competed in the 1938 Grand Prix of Italy with their 312 (2,987 cc, 12 cylinders, 340 hp) and 316 (2,958 cc, 16 cylinders, 360 hp).

Partenza del Gran Premio d'Italia del 1938.

The start of the 1938 Grand Prix of Italy.

sulla pista stradale. Nel 1938 si disputò il Gran Premio delle Nazioni sul circuito Florio e, nella classe 500, vinse Georg Meier su BMW.
Nel periodo compreso fra gli anni Venti e Trenta i percorsi di gara a Monza erano stati continuamente variati, con soluzioni di ripiego che utilizzavano parti delle diverse piste, sempre allo scopo di rallentare le medie orarie. Di conseguenza, non esisteva più un tracciato di riferimento in funzione del quale preparare le automobili. Nel 1938 fu messo in atto un ampio programma di lavori che, insieme al miglioramento delle strutture, prevedeva una profonda modifica della pista. I lavori iniziarono a metà settembre, dopo il Gran Premio d'Italia, e furono completati l'anno successivo. Per quanto riguarda il tracciato stradale, il rettifilo centrale venne spostato più a ovest (a destra guardando la piantina) e raccordato a quello delle tribune mediante due curve caratterizzate da un raggio di 60 metri e da un'ampiezza di 90°, le quali, per il tipo di pavimentazione, furono denominate "curve in porfido". Dal lato opposto, a nord, venne creato un collegamento tra il rettifilo delle tribune e quello centrale. Ma questo tratto di pista fu usato pochissimo, mai per il Gran Premio. Il nuovo tracciato misurava 6.300 metri e fu utilizzato fino a tutto il 1954.

Nations was held on the Florio circuit, with the 500 class being won by BMW's Georg Meier.
The circuits on which races took place in the Twenties and Thirties were continually changed by stopgap measures that used parts of the various tracks, all with the purpose of reducing competitors' speeds. That meant there was no reference circuit on which to set up the cars. So in 1938, a major programme was put in hand, which included improvements to the existing installation and an extensive modification of the circuit. Work began in mid-September of that year – after the Grand Prix of Italy – and was completed in 1939. As far as the racing circuit was concerned, the central straight was moved further to the west – on the right of the Monza map – and linked to the one in front of the stands by two corners with a radii of 60 metres and an amplitude of 90°, which were called "deceptive corners" due to their type of surface. On the other side in the north, the stand and central straights were connected, although that section of the track was little used and certainly never featured in a Grand Prix.
The new circuit was 6,300 metres in length and was in use until the end of 1954.
A number of new buildings were constructed for both spectators and officials.

Come spesso accadeva in quegli anni, anche nel 1938 le classi 250 e 350 cc presero il via assieme, ma con classifiche separate. In questa foto, una fase della gara con in testa le Velocette di Mellors, vincitore della 350, a oltre 142 di media, con la A.J.S.

In 1938, the 250 and 350 cc classes started a race together, as was often the case at the time, but they had separate results classifications. The picture shows the Velocette of Mellors in the lead. He won the 350 category at an average speed of over 142 km/h on an A.J.S.

Tazio Nuvolari vinse il Gran Premio d'Italia del 1938 con l'Auto Union modello D, equipaggiata da un motore 12 cilindri di 2990 cc In quell'anno entrò in vigore la formula 3 litri per motori sovralimentati e 4500 cc per quelli aspirati.

Tazio Nuvolari won the 1938 Grand Prix of Italy at the wheel of an Auto Union Type D, powered by a 12-cylinder, 2,990 cc engine. The three-litre supercharged and 4,500 cc normally aspirated formula came into force that year.

La squadra Mercedes-Benz al Gran Premio d'Italia del 1938. Da sinistra: Richard Seaman, Manfred von Brauchitsch, Herrmann Lang, Rudolf Caracciola e il direttore sportivo Alfred Neubauer. La Mercedes W154 disponeva di un motore 12 cilindri a V con doppio compressore e sviluppava una potenza di oltre 400 CV.

The Mercedes-Benz team at the 1938 Grand Prix of Italy. From the left: Richard Seaman, Manfred von Brauchitsch, Herrmann Lang, Rudolf Caracciola and Mercedes motor sport director Alfred Neubauer. The Mercedes W154 had a V12 engine with twin superchargers and developed over 400 hp.

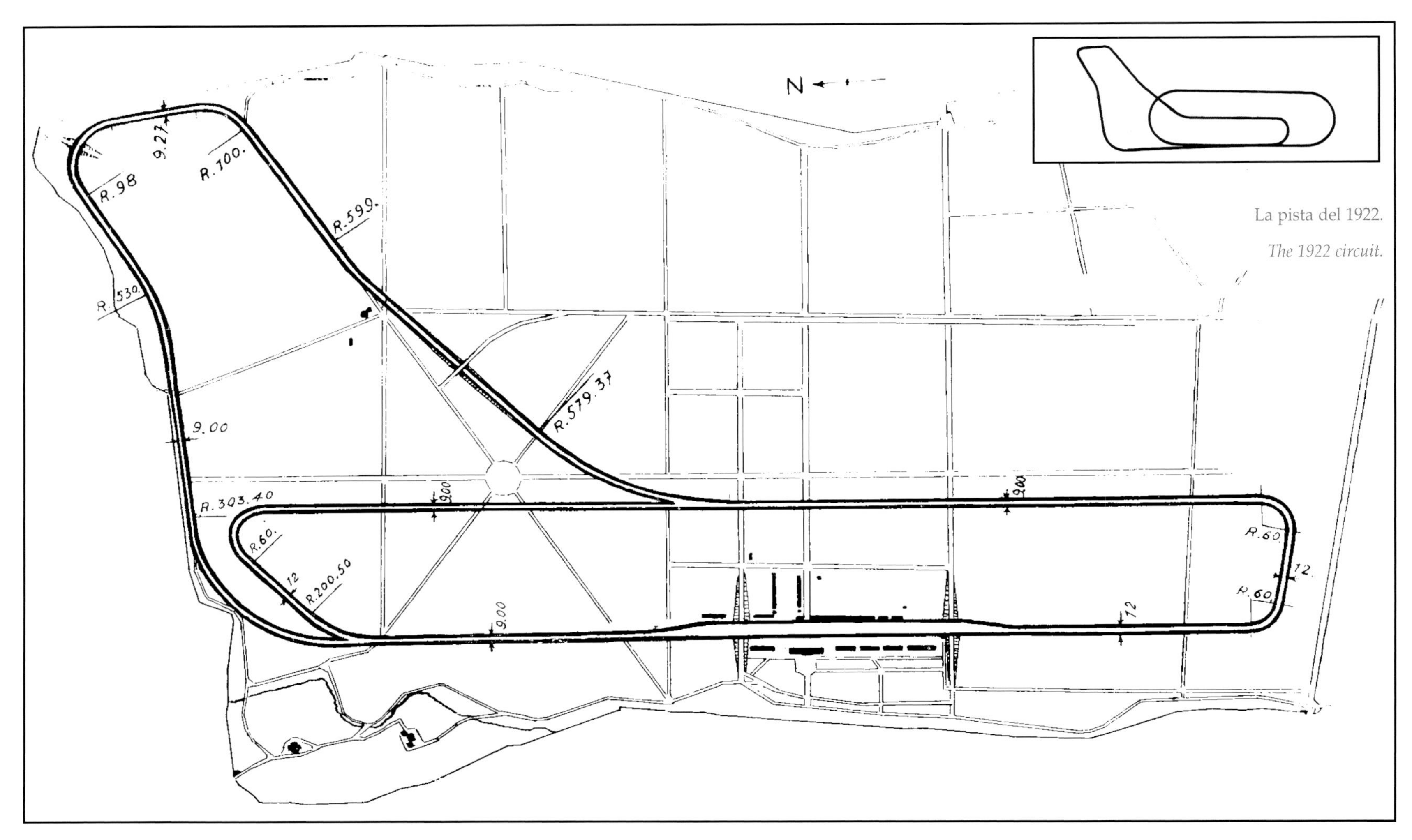

La pista del 1922.

The 1922 circuit.

Nel 1939, la pista di Monza fu completamente rifatta. Fu abbattuto l'anello d'alta velocità e la pista stradale fu portata a 6.300 metri di lunghezza. I due rettifili furono avvicinati e a sud si realizzarono le curve pavimentate di porfido. Questa nuova pista, riattata dopo i danni provocati dalla guerra, fu usata dal 1948 al 1954.

The Monza circuit was completely renovated in 1939. The high speed oval was knocked down and the combination road course was extended to 6,300 metres in length. The two straights were brought closer together and corners surfaced with tarmac in the southern area. The new track was completely refurbished again after being damaged during the Second World War and was used from 1948 to 1954.

Furono poi realizzate diverse strutture sia per il pubblico sia a supporto delle corse. Tra quelle più importanti va segnalata una nuova tribuna d'onore, capace di ospitare 2.000 spettatori, con ristorante a piano terra e sovrastante torretta per i cronometristi, trenta box di rifornimento in muratura, (i precedenti erano in legno), l'ingresso monumentale della pista, nuove rimesse in aggiunta a quelle esistenti, il rifacimento o la costruzione ex-novo di fabbricati adibiti ai servizi più vari.
L'autodromo rinnovato potè essere utilizzato soltanto per alcune sedute sperimentali, come quelle dell'inedita Alfa Romeo 512 a motore posteriore e alla Bianchi 500 a quattro cilindri sovralimentata.
La guerra determinò la sospensione di ogni attività e durante il periodo bellico l'Autodromo assunse le più svariate funzioni, tra cui quelle di ricovero degli archivi del Pubblico Registro Automobilistico, di sede per alcuni uffici dell'Automobile Club Milano e perfino di covile per le fiere sfollate dal giardino zoologico di Milano.
Finita la guerra, nel giugno del 1945, il rettifilo

Among the most significant were the new VIP stand, which could hold 2,000 people, had a restaurant on the ground floor and was surmounted by a timekeepers' tower, 30 brick pits for refuelling – the previous ones were in wood – and an ornate entrance to the track. New garages were added to old, and buildings in which to house a wide range of different services were either reconstructed or completely new.
The revitalised autodrome could only be used for some testing, like that of the new, rear-engined Alfa Romeo 512 and the four-cylinder, supercharged Bianchi 500 motorcycle.
The Second World War brought a halt to motor sport, of course, and the Monza Autodrome was used for a number of different purposes, not least storing the archives of the Pubblico Registro Automobilistico (official motoring records), became home to a number of Automobile Club of Milan departments and was even used as a den for many of the wild animals evacuated from Milan Zoo.
When the war was over, the stand straight was used

delle tribune ospitò una parata di mezzi corazzati alleati che ne sgretolò il fondo. Poco più tardi vaste aree, soprattutto nella zona meridionale del circuito, furono adibite a deposito di automezzi militari e di residuati bellici che vi rimasero sino alla fine del 1947. Di tale uso anomalo risentirono, oltre al manto stradale, anche i box, i vari fabbricati, le tribune. Vi era rimasto ben poco di agibile.

in June 1945 for a parade of Allied armoured vehicles, which broke up its surface. Soon afterwards, vast areas of the southern end of the circuit were given over to a park for military vehicles and other surplus war equipment, which stayed in place until the end of 1947. That kind of use damaged track surfaces, the pits, stands and other buildings, which were hardly usable after such treatment.

Demolizione delle vecchie curve sopraelevate.

Demolition of the old banked curves.

La vecchia tribuna d'onore costruita nel 1922 e poi rimodernata nel 1933.

The old VIP stand, built in 1922 and modernised in 1933.

La nuova tribuna d'onore, costruita tra il 1939 e il 1940 e tuttora esistente nella sua struttura originale, seppur migliorata.

The new VIP stand built in 1939-1940. The original structure still stands, although it has been modernised.

1948-1954

La seconda guerra mondiale aveva recato gravi danni anche all'autodromo, che potè essere ripristinato nelle sue funzioni solo verso la fine del 1948. La pista era quella stradale di 6.300 metri realizzata nel 1939 e mai usata. Alle auto dell'anteguerra – Alfa Romeo, Maserati, Mercedes-Benz – si aggiunge un nuovo nome che diventerà forse il più grande di ogni tempo: Ferrari. Piloti famosi del periodo sono Alberto Ascari, Juan Manuel Fangio, Gigi Villoresi, Giuseppe Farina.
Nei Gran Premi, che nel 1950 diedero vita al mondiale piloti, si parla soprattutto italiano.
L'attività dell'autodromo diventa sempre più intensa. Tra le nuove manifestazioni, il Gran Premio dell'Autodromo, il Gran Premio della Lotteria, la Coppa Intereuropa. Continuano a correre a Monza i campioni del motociclismo nel Gran Premio delle Nazioni.

The Second World War had caused grave damage also to the autodrome, which could be restored to its functions only towards the end of 1948. The track was the road of 6,300 metres realised in 1939 and never used. To the pre-war cars - Alfa Romeo, Maserati, Mercedes-Benz – was added a new name that became, perhaps, the greatest of all time: Ferrari. Famous drivers of the period were Alberto Ascari, Juan Manuel Fangio, Gigi Villoresi, Giuseppe Farina.
In Grands Prix, which in 1950 gave life to a world drivers' championship, one spoke above all Italian. The activities of the autodrome became increasingly intense. Among new events, the Grand Prix of the Autodrome and the Grand Prix of the Lottery, the Coppa Intereuropa. The champions of motorcycling continued to race at Monza for the Grand Prix of Nations.

11 settembre 1949. Il Gran Premio d'Italia tornò a Monza, dopo le edizioni disputate a Milano nel 1947 e a Torino nel 1948, essendo la pista di Monza inagibile per i danni subiti durante e dopo la guerra.

The Grand Prix of Italy returned to Monza on 11 September 1949, after having previously taken place in Milan in 1947 and Turin in 1948, as the Monza track surface was unusable due to damage caused during and after the war.

PIRELLI
IL PNEUMATICO
ROBUSTO - VELOCE
ELASTICO - SICURO

Nell'immediato dopoguerra l'autodromo di Monza fu usato come deposito di residuati bellici.

Immediately after the Second World War, the Monza autodrome was used as a storage area for surplus military equipment.

La tabella di segnalazione dei concorrenti sopra gli uffici della direzione autodromo, dopo la linea di partenza.

The competitors score board above the offices of the autodrome management, after the start line.

Dopo la forzata inattività aportiva dovuta agli eventi bellici, all'Autodromo di Monza iniziarono una lunga serie di lavori per ripristinarne l'originaria funzionalità e attuare le modifiche al tracciate, previste sin dal 1938.

After forced inactivity due to the war, a long series of renovations were started at the Monza Autodrome to restore it to its original working order and implement modifications to the circuit, which had been planned since 1938.

La guerra aveva provocato enormi distruzioni ovunque. Nel 1945 l'Europa era un'immensa distesa di macerie. In Italia, come altrove, il febbrile sforzo di ricostruzione si rivolse anzitutto verso le fabbriche, le abitazioni, le strade, gli autoveicoli industriali più che alle automobili.
Fu soltanto nel 1948 che si crearono le condizioni per rimettere in funzione l'autodromo. Reperite le risorse, poco più di 100 milioni, i dirigenti dell'Automobile Club di Milano, presieduto da Luigi Bertett, diedero inizio ai lavori nel mese d'agosto. Come direttore dell'Autodromo era intanto arrivato l'ingegner Giuseppe Bacciagaluppi, che sarebbe rimasto a dirigerlo, con grande competenza tecnica, sino al 1998.
Ancora una volta, in un lasso di tempo estremamente breve - non più di due mesi - l'impianto fu ripristinato nelle sue strutture e provvisto delle modifiche che erano state predisposte alla fine del 1938 e non erano state ancora realizzate.

Naturally, the war resulted in considerable destruction and by 1945, much of Europe was rubble. Like everywhere else, Italy worked feverishly to rebuild: first of all, its factories, homes, roads and trucks rather than cars.
It was not until 1948 that conditions were right to put the Monza Autodrome back in working order. Having found the money – not much more than 100 million lire - the board of the Automobile Club of Milan, headed by Luigi Bertett, gave the green light for the autodrome's reconstruction to begin in August of that year. Engineer Giuseppe Bacciagaluppi was appointed to run the installation, which he did with considerable technical skill until 1998.
The circuit became operational again in an extremely short time – no more than two months - with the restoration of its existing structure and the modifications that were planned at the end of 1938, but had not been carried out due to the war.

Intanto, non potendo correre a Monza, le massime competizioni nazionali su quattro e due ruote del dopoguerra, si erano effettuate, sul circuito della Fiera a Milano nel 1947 e del Valentino a Torino nel 1948, per quanto riguarda il Gran Premio d'Italia, mentre il Gran Premio delle Nazioni si disputò a Milano nel 1947 e a Faenza nel 1948.
Finiti i lavori, il rinnovato Autodromo di Monza ospitò il 17 ottobre il Gran Premio dell'autodromo, gara di Formula 1 che fu vinta dal francese Jean-Pierre Wimille su Alfa Romeo 158. Una settimana più tardi, la breve stagione autunnale si concluse con lo svolgimento dell'ultima prova del Campionato motociclistico italiano.
Nel 1949, il calendario di Monza fu abbastanza nutrito e fu inaugurato da una nuova gara: la Coppa Intereuropa per vetture turismo, una classica di Monza negli anni seguenti, aperta successivamente anche alle granturismo e alle sport, che sovente fece da prologo al Gran Premio d'Ita-

Meanwhile, as they could not be staged at Monza, the country's top car and bike races, including the Grand Prix of Italy, took place on the Fair of Milan circuit in 1947 and the Valentino in Turin in 1948, while the motorcycle Grand Prix of Nations was held in Milan in 1947 and Faenza the following year.
With the conclusion of the work on the circuit, the renewed complex hosted the Grand Prix of the Autodrome, a Formula One event, on 17 October, when the victor was Jean-Pierre Wimille driving an Alfa Romeo 158. A week later, the brief autumn season was brought to a close by the last round in the Italian Motorcycle Championship.
The list of events at Monza was fairly long in 1949 and began with a new race. It was the Intereuropa Cup for touring cars, which became a Monza classic in the years that followed. The circuit was later opened to grand touring and sports car events, which were often a prologue to the Grand Prix of

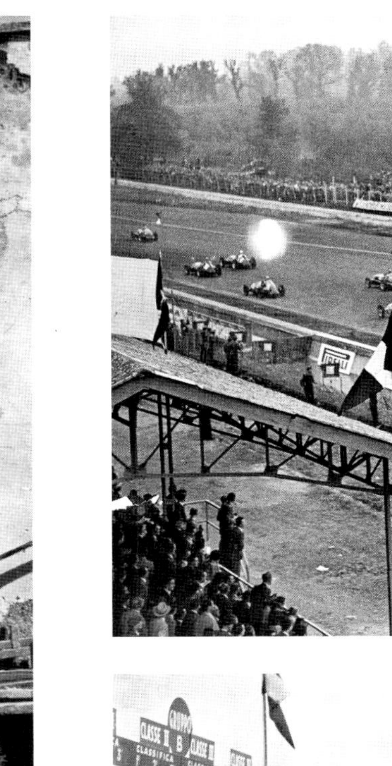

Alla ripresa post-bellica, la prima gara fu il I Gran Premio dell'Autodromo, che si disputò nell'ottobre del 1948 e fu vinto da Jean-Pierre Wimille su Alfa Romeo 158.

After the war, the first race to take place at Monza was the Grand Prix of the Autodrome in October 1948 and was won by Jean-Pierre Wimille in an Alfa Romeo 158.

Partenza tipo Le Mans per la 1ª Coppa Intereuropa, riservata alle vetture turismo, nella primavera del 1949.

A Le Mans-type start for the first InterEuropa Cup touring car race in the spring of 1949.

Le due Ferrari 1500 cc. con compressore di Felice Bonetto (n. 16) e Raymond Sommer (n. 46), si apprestano a entrare in pista per il Gran Premio d'Italia del 1949.

The two supercharged Ferrari 1500s of Felice Bonetto (16) and Raymond Sommer (46) about to take to the Monza circuit for the 1949 Grand Prix of Italy.

Giuseppe Farina su Alfa Romeo 158, precede Juan Manuel Fangio, anch'egli su "Alfetta" 158, all'uscita dalla prima curva di Lesmo durante il Gran Premio d'Italia del 1950. Vinse Farina.

Giuseppe Farina in an Alfa Romeo 158 leads Juan Manuel Fangio in a similar car out of the first Lesmo corner during the 1950 Grand Prix of Italy, won by the Italian.

lia e che vide la partecipazione soprattutto di "gentlemen drivers", quei piloti che correvano per passione senza quasi mai aspirare a diventare professionisti del volante (dal 1985, la denominazione "Coppa Intereuropa" è riservata a una manifestazione di auto storiche).
Nel 1949 si disputò la seconda edizione del Gran Premio dell'Autodromo con vetture di Formula 2 (motore 2000 cc aspirato o 500 cc compresso) che vide la prima vittoria, a Monza, di Juan Manuel Fangio su Ferrari, destinati entrambi a essere tra i più grandi protagonisti dell'automobilismo sportivo degli anni seguenti.
Quella manifestazione, abbinata alla Lotteria di Monza, si disputò sino al 1953, sempre con piloti e macchine ai massimi livelli.
A settembre tornò a Monza il Gran Premio d'Italia, con la denominazione di Gran Premio d'Europa. Le auto in pista furono soprattutto italiane,

Italy. Such races also attracted the so-called gentlemen drivers; men and women who raced for their own pleasure and hardly ever aspired to becoming professionals. From 1985, though, the name Intereuropa Cup was switched to a vintage car event.
Formula Two cars with normally aspirated 2000 cc or 500 cc supercharged engines competed in the second Grand Prix of the Autodrome in 1949. It was the event in which Juan Manuel Fangio scored his first victory in a Ferrari at Monza, the driver and constructor destined to become two of the greatest names in motor racing in the years that were to follow.
That race, which was linked to the Monza Lottery, took place until 1953 and attracted the top drivers and cars of the day.
The Grand Prix of Italy came back to Monza in September in the guise of the Grand Prix of

Partenza del Gran Premio d'Italia 1951. In prima fila, da sinistra: Juan Manuel Fangio su Alfa Romeo 159 (n. 38), Giuseppe Farina su Alfa Romeo 159 (n. 34), Froilan Gonzalez su Ferrari (n. 6). Dietro: Alberto Ascari su Ferrari 375 F1 (n. 2), che vinse la corsa. Gigi Villoresi (n.4), Pietro Taruffi, entrambi su Ferrari 375 (n. 8), Felice Bonetto su Alfa Romeo 159 (n. 40).

Start of the Grand Prix of Italy 1951. In the front row, from the left, Juan Manuel Fangio in an Alfa Romeo 159 (n. 38), Giuseppe Farina in an Alfa Romeo 159 (n. 34), Froilan Gonzalez in a Ferrari (n. 6). Behind: Alberto Ascari in a Ferrari 375 F1 (n. 2), which won the race. Gigi Villoresi (n. 4), Pietro Taruffi, both in Ferrari 375 F1s (n. 8), Felice Bonetto in an Alfa Romeo 159 (n. 40).

Nino Farina fu il primo Campione del mondo piloti, titolo istituito nel 1950. Nel 1946 aveva corso con l'Alfa Romeo, quindi passò per tre anni alla Maserati, poi fu ancora con l'Alfa Romeo e quindi alla Ferrari, dal 1952 al 1955, con la quale vinse tre Gran Premi.

Nino Farina became Formula One's first world champion driver, a title instituted in 1950. He raced for Alfa Romeo in 1946, then moved to Maserati for three years and went back to Alfa Romeo and Ferrari from 1952-1955, with the latter of which he won three Grands Prix.

III Gran Premio dell'Autodromo,
Due monoposto di Formula 2 affrontano la curva di porfido, così denominata per il materiale usato per la pavimentazione. Questa curva, realizzata nel 1939, fu sostituita nel 1955 dalla curva Parabolica.

III Grand Prix of the Autodrome.
Two Formula 2 single-seaters affront the tarmac curve, so called for the material used to surface it. That curve, realised in 1939, was substituted in 1955 by the Parabolica curve.

con la Maserati e la Ferrari, l'attesa novità di Enzo Ferrari costruttore, che aveva esordito l'anno prima sul circuito del Valentino (motore 1500 cc compresso), alle quali si contrapponevano le Talbot (motore 4500 cc aspirato). Quell'anno l'Alfa Romeo non partecipò al Campionato. Vinse Alberto Ascari su Ferrari, davanti a Philippe Etancelin su Talbot e al Principe Bhahuban "Bira" su Maserati. La media, sulla nuova pista di 6.300 metri, fu di 169,039 km/h.
Nel 1949 anche il Gran Premio delle Nazioni tornò nella sua sede originaria sulla nuova pista stradale di 6.300 metri e fino ai primi anni Sessanta fu la prova finale della stagione, assegnando in molti casi i titoli iridati. In quell'anno venne istituito il Campionato mondiale per marche e per piloti in prove multiple con un nuovo regolamento che aboliva i motori sovralimentati in favore di quelli aspirati e con l'utilizzo di benzina normalmente in commercio (solo 72 NO).
Nell'attesissimo "Nazioni" della ripresa, che richiamò circa 100 mila spettatori "affamati" di moto, tornarono in pista macchine d'anteguerra

Europe, but it was a year in which Alfa Romeo was not a championship contender. The cars that lined up on the grid were mainly Italian 1,500 cc supercharged Maseratis and Ferraris – the anxiously awaited debut of Enzo Ferrari as a constructor having taken place the previous year at the Valentino circuit – and they were up against the normally aspirated 4,500 cc Talbots. The winner was Alberto Ascari in a Ferrari, who led home Philippe Etancelin's Talbot and Prince Bira's Maserati. Ascari's average speed for the 80 laps of the 6,300-metre circuit was 169.039 km/h.
In 1949, the Grand Prix of Nations returned to its original home at Monza and took to the new 6,300-metre track: the event was the final round in the world championship and was the last in the series each year until the early Sixties, so the title was often won at the autodrome. The world constructors' and riders' championships were instituted with multiple counters under new regulations that abolished supercharged engines in favour of aspirated units and stipulated the use of commercially available 72 NO fuel.

Alberto Ascari esulta dopo l'ennesima vittoria. Fu il solo pilota italiano a conquistare per due volte il titolo di Campione del mondo, nel 1952 e nel 1953, con la Ferrari 500 F2. Con la piccola e agile monoposto di Maranello, si aggiudicò, in quelle due stagioni di corse, 11 Gran Premi su 14 disputati. Perse la vita proprio a Monza nel 1955 durante una sessione di prove private con la Ferrari Sport di Eugenio Castellotti.

Alberto Ascari is pleased after his umpteenth victory. The Ferrari F2 500 driver was the only Italian to win two world titles, those of 1952 and 1953. In the two seasons, he won 11 Grands Prix out of a possible 14 with the agile little Maranello single-seater. He lost his life at Monza in 1955 trying out Eugenio Castellotti's Ferrari Sport during a private test session.

Nella pagina a fronte, partenza del Gran Premio d'Italia del 1952. In prima fila, da destra: Maurice Trintignant su Gordini (n. 4), Alberto Ascari su Ferrari 500 F2 (n. 12), che si aggiudicò la corsa, Froilan Gonzalez su Maserati A6GCM (n. 26).

Following page, the start of the 1952 Grand Prix of Italy. On the front row of the grid are, from the right: Maurice Trintignant in a Gordini (4), race winner Alberto Ascari in a Ferrari 500 F2 (12) and Froilan Gonzalez in a Maserati A6GCM (26).

Sotto, la partenza della classe 125 durante il Gran Premio delle Nazioni del 1951.

Below, the start of the 125 class of the 1951 Grand Prix of Nations.

PIRELLI
PIRELLI
BATTERIE
IL PNEUMATICO

Dario Ambrosini, su Benelli, vincitore nella classe 250 nel Gran Premio delle Nazioni del 1950.

Dario Ambrosini, winner of the 250 class of the 1950 Grand Prix of Nations on a Benelli.

Partenza del Gran Premio dell'Autodromo del 1954. Fu vinto da Gigi Villoresi su Ferrari Sport 3000.

The 1954 Grand Prix of the Autodrome is flagged away. It was won by Gigi Villoresi in a Ferrari Sport 3,000.

Monza 1953. Enzo Ferrari indica qualcosa, o qualcuno, al suo pilota Gigi Villoresi.

Monza, 1953: Enzo Ferrari indicates someone or something to his driver Gigi Villoresi.

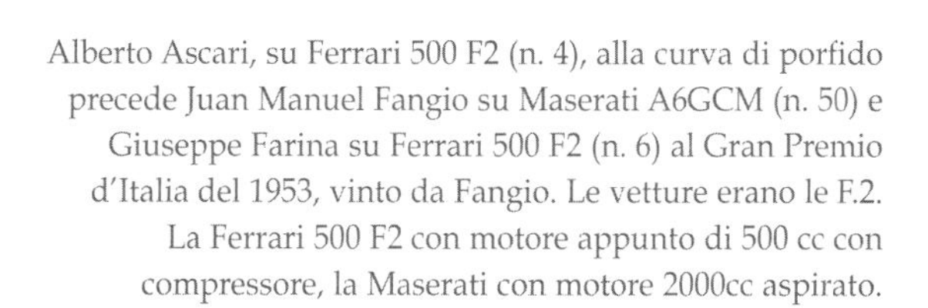

Alberto Ascari, su Ferrari 500 F2 (n. 4), alla curva di porfido precede Juan Manuel Fangio su Maserati A6GCM (n. 50) e Giuseppe Farina su Ferrari 500 F2 (n. 6) al Gran Premio d'Italia del 1953, vinto da Fangio. Le vetture erano le F.2. La Ferrari 500 F2 con motore appunto di 500 cc con compressore, la Maserati con motore 2000cc aspirato.

Alberto Ascari in Ferrari 500 F2 number 4 at the tarmac corner, ahead of Juan Manuel Fangio in a Maserati A6GCM (50) and Giuseppe Farina in a Ferrari 500 F2 (6) during the 1953 Grand Prix of Italy, won by the Argentinean. The cars were F2s and the Ferrari's 500 cc engine boasted a supercharger, while the Maserati had a normally aspirated 2000 cc power unit.

rielaborate, come la Guzzi 250 versione "Gambalunghino" e la Benelli 250 bialbero, la Guzzi 500 bicilindrica e la vecchia Norton 500 monocilindrica, affiancate da moderne mezzo litro come le 4 cilindri Gilera e MV e la A.J.S. bicilindrica "Porcospino". Si rividero in pista anche le motoleggere che erano state abbandonate nella metà degli anni Trenta, con nuovi efficienti modelli di 125 cc destinati a una lunga e fortunata carriera, quelli della Mondial, della Morini e della MV.
A vincere nella classe regina con la Gilera 500, sulla distanza di oltre 200 km, alla media di quasi 158 orari, fu ancora un pilota della vecchia guardia, Nello Pagani.
Nel 1950, al Gran Premio d'Italia, partecipano ben 27 vetture: vinse Giuseppe Farina su Alfa Romeo davanti ad Alberto Ascari sulla nuova Ferrari 375 F1. Farina, lo stesso anno, diventò anche il primo Campione del mondo piloti di F.1, istituito appunto quell'anno.
Nel 1951 il Gran Premio d'Italia fu vinto da Ascari su Ferrari, mentre il titolo di Campione del mondo andò invece a Juan Manuel Fangio su Alfa Romeo 159. La Casa del Portello, nonostante quei ripetuti successi, si ritirò dalle competizioni

The first long awaited post war Nations race attracted around 100,000 spectators, who had been starved of motorcycle racing for six long war years. The pre-war machines were back, revised and modified, among them the "Gambalunghino" Moto Guzzi 250 and the Benelli 250 twin-cam, the two-cylinder Guzzi 500 and the old Norton 500 single cylinder, which fought for success alongside modern half-litres like the four-cylinder Gileras and MVs, plus the twin-cylinder AJS "Porcospino". Back to the track came the lightweight machines that were dropped in the mid-Thirties, but this time they were new and efficient 125 cc models, which had a bright future ahead of them, not least world title winners Morini and MV. Victor in the top 500 cc category over a distance in excess of 200 km was veteran Nello Pagani, who clocked an average speed of almost 158 km/h on his Gilera.
No fewer than 27 cars lined up on the grid for the 1950 Grand Prix of Italy, which was won by Giuseppe Farina in an Alfa Romeo 159, with Alberto Ascari second in the new Ferrari 375. That same year, Farina became the first man to win the Formula One World Championship for drivers, which was instituted in 1950.

Giugno1952. Fausto Coppi, dietro a Umberto Masetti, durante il "Gran Premio degli Assi", vinto da Fiorenzo Magni.

June 1952: Fausto Coppi behind Umberto Masetti during the Grand Prix of the Aces, won by Fiorenzo Magni.

Una gara a Monza era uno spettacolo da rendere ancor più piacevole con una colazione sull'erba.

A race at Monza was a spectacle, which was made even more pleasant by lunch on the grass.

Monza 1953. Da sinistra si riconoscono Filippo Caracciolo, presidente dell'Automobile Club d'Italia, Giulio Andreotti, allora sottosegretario alla Presidenza del Consiglio, Luigi Bertett, presidente dell'Automobile Club di Milano.

Monza, 1953: from the left, Filippo Caracciolo, president of the Automobile Club of Italy, Giulio Andreotti, then under-secretary to Prime Minister Giuseppe Pella and Luigi Bertett, president of the Automobile Club of Milan.

L'auto di un concorrente alla prima Coppa Leopoldo Carri, istituita nel 1954 e riservata a vetture turismo.

A competitor's car in the first Coppa Leopoldo Carri, instituted in 1954 for touring cars.

di Formula 1 già alla fine della stessa stagione, rimanendo lontana dall'attività agonistica per più di 20 anni.
Nel 1950 e 1951 si disputarono anche due edizioni del Gran Premio Vetturette (1100 cc), con il quale si era inaugurato l'autodromo nel 1922.
Con le monoposto di Formula 2 (motore 2000 cc aspirato), alle quali, per carenza di iscrizioni, fu consentito di disputare i campionati 1952 e 1953, il titolo mondiale fu appannaggio di Alberto Ascari, primo su Ferrari 500 F2. Il campione milanese si impose anche nel Gran Premio d'Italia del 1952, mentre a prevalere nel 1953 fu Juan Manuel Fangio su Maserati.
Se si eccettuano alcune Gordini, le monoposto dei due famosi costruttori erano rimaste le sole vetture italiane a competere nel Mondiale Piloti.
Nel 1954 apparvero le Mercedes-Benz, seguite dalle Vanwall e, verso la fine del decennio, dalle Cooper, Lotus, BRM, tutte monoposto costruite da piccoli marchi inglesi, mettendo assieme meccanica e telai di diversa provenienza. Per questo, qualcuno, non senza una punta di sufficienza, li definì "assemblatori" e non veri costruttori.

The 1951 Grand Prix of Italy was won by Ascari and his Ferrari, but that year the world title went to Juan Manuel Fangio driving an Alfa 159. Despite continuous success, the Portello constructor retired from F1 at the end of the season and did not return to motor racing for another 20 years.
The Grand Prix of Voiturettes for 1,100 cc cars was run at the autodrome in 1950 and 1951 and was the same kind of event and the one that opened the Monza circuit back in 1922. Teams were permitted to compete for the 1952 and 1953 world championships with Formula Two single-seaters powered by normally aspirated 2,000 cc engines, due to a lack of F1 entries: both titles went to Alberto Ascari in the works Ferrari 500 F2. The Milanese champion also won the 1952 Grand Prix

Stirling Moss su Maserati 250 F (n. 28) e Alberto Ascari, su Ferrari (n. 34) al Gran Premio d'Italia del 1954. La Maserati 250 F aveva un motore aspirato di 2500 cc. come la Ferrari 555. Secondo il nuovo regolamento entrato in vigore quell'anno, che prevedeva anche il motore con compressore da 750 cc.

Stirling Moss in Maserati 250 F number 28 and Alberto Ascari driving a Ferrari (34) in the 1954 Grand Prix of Italy. The Maserati had a normally aspirated 2,500 cc engine, as did the Ferrari 555, in line with new regulations for that year, which also permitted turbocharged 750 cc power plants.

Due Mercedes-Benz W 196, dette Frecce d'argento, guidate da Karl Kling (n. 14) e Juan Manuel Fangio (n. 16) durante il Gran Premio d'Italia del 1954, che fu vinto dal pilota argentino. Il motore aspirato 2496 cc, 8 cilindri, sviluppava una potenza di 285 CV.

Two Mercedes-Benz W196 Silver Arrows driven by Karl Kling (14) and Juan Manuel Fangio (16) during the 1954 Grand Prix of Italy, which was won by the Argentinean. The car's 2,496 cc, eight-cylinder engine put out 285 hp.

Nel dopoguerra, e sino verso la fine degli anni Cinquanta, i piloti più noti erano Alberto Ascari, Giuseppe Farina, Juan Manuel Fangio, Gigi Villoresi, Stirling Moss, Froilan Gonzalez, Felice Bonetto, Luigi Musso, Eugenio Castellotti.
Nel 1954 si disputò a Monza la seconda edizione del Trofeo Supercortemaggiore (la prima si era svolta a Merano), riservato alle vetture sport sino a 3000 cc. Quella corsa fu ripetuta nel 1955 e nel 1956; a mettersi in luce anche in quella categoria fu di nuovo la Ferrari.
Quell'anno cambiarono ancora le regole della F.1, per la quale la Federazione impose motori aspirati da 2500 cc. Fu Juan Manuel Fangio su Mercedes-Benz, la marca tedesca tornata ai vertici dello sport automobilistico, a vincere il Gran Premio d'Italia davanti alle Ferrari di Mike Hawthorn e di Umberto Maglioli/Froilan Gonzalez.

of Italy, while Juan Manuel Fangio and his Maserati came first in 1953.
Apart from a few Gordinis, the two cars built by the famous Italian constructors were the only ones in the running for the drivers' title.
Mercedes-Benz returned to F1 in 1954 and the Vanwalls made their debut, but towards the end of the decade the Coopers, Lotuses and BRMs appeared, all of them built by small British constructors of mechanics and chassis acquired from different sources. For that reason, some people were not completely wrong in calling the newcomers "assemblers" and not real constructors.
After the war and on towards the end of the Fifties, the most prominent drivers were Alberto Ascari. Giuseppe Farina, Juan Manuel Fangio, Gigi Villoresi, Stirling Moss, Froilan Gonzalez, Felice Bonetto, Luigi Musso and Eugenio Castellotti.
The second Trofeo Supercortemaggiore took place at Monza in 1954 – the first was held at Merano – for sports racing cars of up to 3,000 cc. It was run again in 1955 and 1956, when Ferrari began to step into the spotlight once more.
Formula One regulations were changed anew in 1954: this time, the Federation dictated engines should be normally aspirated 2,500 cc units. It was Juan Manuel Fangio in a Mercedes-Benz, the German firm having made its comeback to top flight motor racing, who won the Grand Prix of Italy, ahead of Mike Hawthorn and Umberto Maglioli/Jose Froilan Gonzalez in Ferrari.

1955-1971

Nel 1955 fu costruita la pista di alta velocità e la curva Parabolica sostituì le curve di porfido. Il circuito ritornò così alla sua impostazione originaria: due piste tra loro collegate e una lunghezza totale di 10 chilometri. Si costruirono inoltre nuovi box e si portarono a termine molti lavori per la sicurezza.
Nel 1965, al già ricco calendario, si aggiunse la 1000 Chilometri, valida per il campionato mondiale sport prototipi.
Nel mondo della Formula 1 erano entrate frattanto le scuderie inglesi, mietendo subito successi: Cooper, BRM, Lotus, con la Ferrari rimasta, dopo il ritiro di Alfa Romeo, Maserati e Lancia, la sola squadra italiana a contrastarle. Molti i campioni che si imposero sulla scena dopo gli anni di Fangio: Stirling Moss, Graham Hill, Jim Clark, Jack Brabham, John Surtees, Jackie Stewart.
Intanto però le macchine erano diventate, grazie agli alettoni e ad altri sofisticati accorgimenti, sempre più "attaccate" al suolo. Le curve di Monza non riuscivano più a selezionare i migliori.

In 1955, the high speed track and the Parabolica curve were constructed, which substituted the curves of porphyry. The circuit returned in that way to the original layout: two tracks connected between themselves and a total length of 10 kilometres. They built, in addition, new pits and finished many works of safety.
In 1965, the 1,000 Kilometres of Monza, valid for the world sport prototypes, was added to the already rich calendar.
In the world of Formula One, the British teams came forward in the meantime, reaping success: Cooper, BRM and Lotus, with Ferrari, after the retirement of Alfa Romeo, Maserati and Lancia, the only Italian team to impede them. There were many famous drivers of the post Fangio period: Stirling Moss, Graham Hill, Jim Clark, Jack Brabham, John Surtees, Jackie Stewart.
Meanwhile, though, the cars had become, thanks to wings and other devices, always more "attached" to the ground. The curves of Monza were no longer able to select the best.

Nel 1955 lo sviluppo della pista di Monza tornò sui 10 chilometri originari, con la costruzione della nuova pista d'alta velocità e la modifica di quella stradale. Nell'immagine: la Mercedes-Benz 196 W di Stirling Moss (n. 16) si appresta a uscire dalla parabolica mentre quella di Manuel Fangio (n. 18) arriva dalla curva sud dell'alta velocità.

In 1955, Monza's track length went back to its original 10 km with the construction of the new high speed circuit and the modification of the combination road course. The picture shows Stirling Moss and his Mercedes-Benz W196 (16) coming out of the Parabolica followed by Fangio (18).

SEMPRE
Esso
AL VOSTRO
SERVIZIO

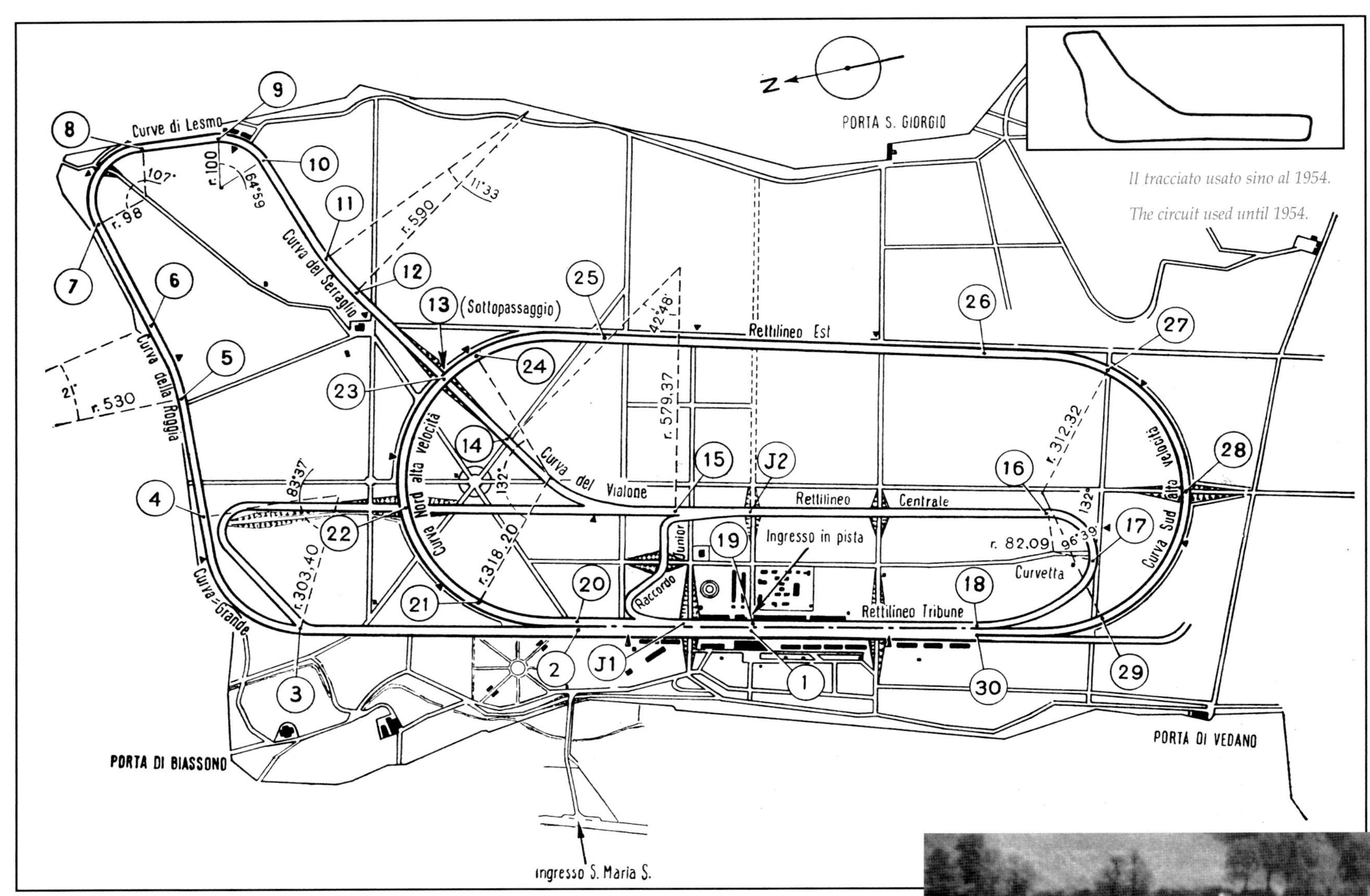

Il tracciato usato sino al 1954.

The circuit used until 1954.

Planimetria della pista di Monza dopo i lavori del 1955. Il tracciato, solo stradale, del 1939, fu ridotto da 6.300 a 5.750 metri, avvicinando il rettifilo centrale a quello delle tribune e modificando le curve di porfido nell'attuale curva Parabolica. L'anello d'alta velocità di 4.250 metri, raggiungeva una pendenza dell'80% e un'altezza, all'esterno, di 10,43 metri. L'anello d'alta velocità del 1922 aveva invece un'altezza massima di 2,63 metri.

The layout of the Monza circuit after work carried out in 1955. The 1939 combination track was reduced from a length of 6,300 metres to 5,750, bringing the central straight closer to that of the stand and transforming the tarmac corner into the Parabolica. The 4,250-metre high speed oval reached an 80% inclination and a height of 10.43 metres. The 1922 oval was a maximum of 2.63 metres high.

Veduta aerea della zona sud del circuito.

A bird's eye view of the southern area of the circuit.

Nel 1955 l'autodromo di Monza venne profondamente ammodernato. Anzitutto, fu modificato ancora il tracciato, portato di nuovo alla distanza di 10 chilometri, come nel 1922, con una pista stradale di 5.750 metri e un anello di velocità di 4.250 metri. La pista stradale esistente, che era di 6.300 metri, venne ridotta accorciando i due rettifili, quello centrale e quello delle tribune, e raccordandoli tra loro con la curva parabolica, che sostituiva le due preesistenti curve in porfido. L'inclinazione delle curve della pista di alta velocità variava dal 12 all'80% rispetto al piano di riferimento.
Vennero inoltre realizzate altre importanti strutture. Nella zona dietro ai box sorse il "Villaggio", ossia un complesso di costruzioni in cui trovarono posto, tra l'altro, la direzione, la sala stampa, un bar-ristorante, i servizi medici, negozi vari e una fontana. Si realizzò anche un campeggio attrezzato e una piscina olimpionica, una pista per automodelli e le due torri per la segnalazione dei tempi al pubblico sul rettilineo delle tribune.
Nel maggio 1955 Alberto Ascari perse la vita provando la Ferrari Sport dell'amico Eugenio Castellotti, con la quale uscì di strada alla curva del Platano che poi porterà il suo nome. La Lancia, di cui Ascari era pilota, si ritirò dalla F.1 e cedette le sue monoposto proprio alla Scuderia di Maranello.

The Monza Autodrome was extensively modified in 1955. First, it was the turn of the track network, which was extended again to its 1922 length of 10 kilometres, with the combination road course covering 5,750 metres and the high speed oval of 4,350. The combination track, which previously measured 6,300 metres, was reduced in length by shortening the central and stand straights and linking them with the Parabolica, which took the place of the two concrete corners. The inclination of the high speed oval turns varied between 12% and 80% in respect of the reference plain.
Additional important buildings were erected. The "village" took shape behind the pits and was a complex of buildings in which were accommodated the autodrome management, the press room, a bar and restaurant, medical services, various shops and a fountain. Other facilities included a camping site, an Olympic swimming pool, a track for model car racing and two towers on which lap times could be posted for spectators on the stand straight.
Alberto Ascari was killed at Monza in 1955, when trying the car of his friend Eugenio Castellotti, having gone off the track at the Platano corner, which was later named after him. Lancia, for whom Ascari was driving at the time, retired from F1 and handed over their cars to Scuderia Ferrari. The Grand Prix of Italy was held on the new 10-

All'inaugurazione della nuova pista di Monza, in occasione del XXVI Gran Premio d'Italia, intervenne l'allora Arcivescovo di Milano, cardinal Giovanbattista Montini, poi divenuto Papa con il nome di Paolo VI.

The Archbishop of Milan, Cardinal Giovanbattista Montini, spoke at the inauguration of the Autodrome of Monza on the occasion of the XXVI Grand Prix of Italy. He later became Pope Paolo VI.

Anche il Presidente della Repubblica, Giovanni Gronchi, era presente al Gran Premio d'Italia, che inaugurava la nuova pista. Nella foto, il Presidente dell'Automobile Club di Milano, Luigi Bertett, gli presenta il campione Juan Manuel Fangio.

The President of Italy, Giovanni Gronchi, was also at the Grand Prix of Italy, which inaugurated the new track. The picture shows the president of the Automobile Club of Milan, Luigi Bertett, who introduced world champion Juan Manuel Fangio.

Partenza del Gran Premio d'Italia del 1955. Scattano in testa le Mercedes-Benz W 196 di Stirling Moss (n. 16), Karl Kling (n. 20) e Manuel Fangio (n. 18), che vinse la corsa.

The start of the 1955 Grand Prix of Italy. The Mercedes-Benz W196s of Stirling Moss (16), Karl Kling (20) and Juan Manuel Fangio (18) shot off in the lead in a race won by the Argentinean.

Fangio sulla Mercedes-Benz W 196. Quella macchina, detta "Freccia d'argento" per il colore della carrozzeria, era nettamente più forte delle concorrenti; con essa il pilota argentino vinse nel 1954 e nel 1955 due dei cinque titoli di Campione del mondo che si assicurò nella sua prestigiosa carriera. Dopo il successo del 1955, la Mercedes si ritirò dalle corse.

Fangio in the Mercedes-Benz W196, one of the later Silver Arrows and called by that name because of the colour of the car's body: the German cars were significantly faster than the competition. Fangio won the 1954 and 1955 world titles with the cars from Stuttgart, Germany, during his prestigious career. After their 1955 success, Mercedes retired from racing.

Sopra: un passaggio di Libero Liberati (n. 28) e Geoff Duke (n. 2) entrambi sulla Gilera 500, durante il Gran Premio delle Nazioni del 1956, vinto dal campione inglese.

Above: Libero Liberati (28) and Geoff Duke (2) on Gilera 500s during the 1956 Grand Prix of Nations, won by the British champion.

Sotto: un gruppo di Maserati, tra le quali s'intravvede la Ferrari di Fangio - Castellotti, alla curva parabolica durante il IV Gran Premio Supercortemaggiore, nel 1956, riservato alle Sport da 2000 a 3000 cc.

Below: a group of Maseratis, between which one glimpses the Ferrari of Fangio - Castellotti during the IV Grand Prix Supercortemaggiore in 1956, reserved for the Sport from 2000 to 3000 cc.

Sul nuovo circuito di 10 chilometri venne disputato il Gran Premio d'Italia: vinse Juan Manuel Fangio su Mercedes-Benz W 196, seguito da Piero Taruffi, anch'egli su Mercedes-Benz, e da Eugenio Castellotti su Ferrari D50. La media, ovviamente, si alzò: 206,791 km/h, contro i 184,218 km/h fatti segnare sempre da Fangio (realizzata sempre con la Mercedes-Benz l'anno precedente sulla pista stradale di 6.300 metri). Monza tornò il tracciato più veloce del campionato, dopo essere stato per qualche anno testa a testa con la pista belga di Spa-Francorchamps.
Nel 1956 la Mercedes-Benz si ritirò dal Campionato di F.1. Per l'assegnazione del titolo tra Stirling Moss su Maserati 250 F e Juan Manuel Fangio su Ferrari D50 si rivelò decisiva l'ultima prova: il Gran Premio d'Italia.
Vinse Moss, ma Fangio, giunto secondo sulla Ferrari che il compagno Peter Collins gli aveva ceduto, dopo che la monoposto dell'argentino aveva accusato problemi, diventò ugualmente Campione del mondo.
Nel 1957 e nel 1958 sulla pista di alta velocità si disputò la 500 Miglia di Monza, aperta alle monoposto di Indianapolis, con l'intento di portare in Europa macchine e piloti americani e, negli Stati

kilometre circuit and was won by Fangio in a Mercedes, followed by Piero Taruffi at the wheel of another of the German cars and Eugenio Castellotti in a Ferrari D50. Naturally, the average speed increased: 206.791 km/h against the previous year's Fangio/Mercedes time of 184.218 km/h on the 6,300-metre track. Monza had regained its position as the fastest circuit in the championship, after having been on equal footing with Spa-Francorchamps for a number of years.
Mercedes-Benz retired from Formula One in 1956. That year, Stirling Moss in a Maserati and Juan Manuel Fangio driving a Ferrari D50 were neck and neck in the title chase, so the Grand Prix of Italy, the last round in the championship, was to be the decider. Moss won the race, but Fangio came second in a car his team mate Peter Collins had handed over to him after the Argentinean had experienced problems with his Ferrari: second was enough to give the man from Balcarce his fourth world title.
In 1957 and 1958, the 500 Miles of Monza for Indianapolis cars was run on the circuit's high speed oval, with the intention of bringing American racing machinery and drivers to Europe and vice-versa.

Partenza del Gran Premio d'Italia del 1956. Le tre vetture in testa sono le Ferrari D50 di Luigi Musso (n. 28), Eugenio Castellotti (n. 24) e Juan Manuel Fangio (n. 22). Dietro la Maserati 250 F di Stirling Moss (n. 36). Vinse Fangio sulla Ferrari che Collins gli aveva ceduto, dopo che il pilota argentino si era ritirato per la rottura del motore della sua monoposto.

The start of the 1956 Grand Prix of Italy. The three leading cars are the Ferrari D50s of Luigi Musso (28), Eugenio Castellotti (24) and Juan Manuel Fangio (22). Behind them is Stirling Moss (n. 36) in a Maserati 250 F. Fangio won in the Ferrari Peter Collins handed to him after the South American's D50 retired with engine trouble.

Uniti, i protagonisti del Mondiale di Formula 1. In quegli anni, la 500 Miglia di Indianapolis era considerata prova valida per il mondiale di Formula 1, anche se solo qualche macchina e pilota europeo vi aveva preso parte in forma non ufficiale, né gli americani avevano mai partecipato alle altre prove di campionato. Il tentativo di avvicinare i due mondi non ebbe successo. La prima edizione della 500 Miglia di Monza fu praticamente disertata dalle macchine europee (fu vinta da Jimmy Brian su Dean Van Lines alla media di 257,594 km/h). Alla seconda edizione parteciparono anche due Ferrari e una Maserati ma vinse ancora un americano: Jim Rathmann su Zink a oltre 268 chilometri orari di media.
Nel 1957, il Gran Premio d'Italia tornò a disputarsi sulla pista stradale.Vinse Stirling Moss su Vanwall, davanti a Juan Manuel Fangio su Maserati, che comunque aveva già conquistato il suo quinto e ultimo titolo mondiale al Nürburgring un mese prima. L'anno seguente, la Maserati si ritirò dalla Formula 1 lasciando sola la Ferrari a combattere contro gli inglesi che cominciavano a entrare e ad affermarsi nel "Circus". Ma fu proprio su Ferrari che Mike Hawthorn vinse il Mondiale Piloti del 1958, mentre la Vanwall, con Tony Brooks, si

At the time, Indianapolis was a round in the Formula One World Championship, even if few European cars and drivers competed officially in the American event, nor had U.S. drivers entered F1 Grands Prix. The attempt to bring the two worlds together was not a success. The first 500 Miles of Monza, which was won by Jimmy Brian in the Dean Van Lines car at an average 257.594 km/h, was almost devoid of European entries. There were two Ferraris and a Maserati in the 1958 race, but that was won by another American, Jim Rathmann in a Zink at an average of over 268 km/h.
The Grand Prix of Italy went back to the combination road course in 1957. The race was won by Stirling Moss in a Vanwall, ahead of Juan Manuel Fangio driving a Maserati. The Argentinian driver had already won his fifth and last world title at the Nürbungring earlier that year.
Maserati retired from Formula One in 1958, leaving Ferrari as the only opposition to the British teams, which were beginning to join the "circus" and win. But it was Ferrari's Mike Hawthorn who won the year's world title, while Vanwall took both the Grand Prix of Italy – with Tony Brooks – and the first world constructors' championship, which was instituted in 1958.

Piero Taruffi sul bisiluro da lui progettato, equipaggiato con motore Gilera 500, con il quale stabilì il record dei 50 km alla media di 211,515 km/h e dei 100 km a 212,761 km/h.

Piero Taruffi on the Gilera 500 powered "twin torpedo" he designed and with which he set records for the 50 kilometres at 211.515 km/h and the 100 km at 212.761 km/h.

29 giugno 1957. Jimmy Brian si aggiudicò la prima edizione della 500 Miglia di Monza. All'arrivo gli immancabili festeggiamenti riservati al vincitore.

29 June 1957: Jimmy Brian adjudicates for himself the first edition of the 500 Miles of Monza. At the arrival, the inevitable celebrations reserved for the winner.

Passaggio sulla sopraelevata del pilota Pat O'Connor su Sumar Special, seguito da Jimmy Brian su Dean Van Lines Special 4.2 l, durante la 500 Miglia di Monza del 1957, vinta da quest'ultimo.

Pat O'Connor in a Sumar Special on the banking, followed by Jimmy Brian in a Dean Van Lines Special 4.2 l, during the 500 Miles of Monza in 1957. Brian won.

Un drammatico istante colto durante la prova delle 125 cc. nel Gran Premio delle Nazioni del 1957, con tre concorrenti caduti alla prima curva di Lesmo. La gara fu vinta da Carlo Ubbiali su MV Agusta.

A dramatic incident frozen in time during 125 cc practice for the 1957 Grand Prix of Nations, when three riders fell at the first Lesmo corner. The race was won by Carlo Ubbiali on an MV Agusta.

aggiudicò ancora il Gran Premio d'Italia e anche il Campionato Costruttori, istituito per la prima volta proprio quell'anno.
Nel 1959 il Gran Premio d'Italia si disputò nuovamente sulla pista stradale e fu sempre un'accoppiata inglese a imporsi: Stirling Moss su Cooper-Climax davanti a Phil Hill su Ferrari. Il titolo mondiale fu invece appannaggio di Jack Brabham, anch'egli su Cooper-Climax.
Intanto, nel 1959, fu realizzata la pista junior, collegando il rettifilo delle tribune, dopo la linea di partenza, con quello centrale, per una lunghezza totale di 2.405 metri. Questa pista era stata realizzata, come dice il nome, per le corse riservate alle formule addestrative junior (1100 cc), che avevano fatto la loro comparsa nel 1958, poi divenute Formula 3 nel 1964 (1000 cc) e 1600 cc dal 1971.
Il Gran Premio della Lotteria si disputò con la F. 3 dal 1975 al 2000 (dalla prima edizione nel 1949 sino al 1974, la Lotteria di Monza fu abbinata a gare con vetture Sport, F.2 e Formula 5.000). Nel 1965 si assistette a una sfida tra le italiane F.3 e le sovietiche Melkus, alla loro prima uscita oltre " la cortina di ferro".

The 1959 Grand Prix of Italy was held on the Monza combination road circuit again and was won once more by a British driver in a British car: Stirling Moss and his Cooper got the better of Phil Hill in a Ferrari, while the world championship went to Jack Brabham in a Cooper Climax.
Meanwhile, a junior circuit was built in 1959, with the stand straight joining the central one just after the start line for a total length of 2,405 metres. As its name suggests, the new track was created to accommodate the cars of the nursery formula junior (1,100 cc), which was introduced in 1958: from 1964, the series was for 1,000 cc Formula Three cars and for 1,600 cc racers from 1971.
The Lottery Grand Prix was for F3 cars from 1975 until 2000. The lottery of Monza was linked to motor racing from the first event of that name in 1949 and continued to be so until 1974: it was for sports cars first of all, then F2 and eventually F5000 single-seaters. In 1965, the race was a challenge between Italian F3 and Soviet Melkus cars, which were making their first ever appearance on the other side of the Iron Curtain.
In 1960, the Grand Prix of Italy was still run on

Un'immagine della 500 Miglia di Monza del 1957.
Le auto percorrevano il tracciato in senso antiorario.

A picture of the 1957 500 Miles of Monza, which was run anti-clockwise.

Nel 1960 il Gran Premio d'Italia si corse ancora sul circuito completo di 10 chilometri. Non vi presero parte i team inglesi che giudicavano la pista d'alta velocità causa di eccessive sollecitazioni per le loro auto ultra leggere. Inoltre, la Cooper aveva dominato il Campionato e con essa Jack Brabham aveva già conquistato, per la seconda volta consecutiva, il titolo mondiale.
Furono invece presenti, oltre alla Ferrari, che con Phil Hill, Richie Ginther e Willy Mairesse si aggiudicò i primi tre posti, anche alcune vetture private, oltre alle monoposto di 1500 cc con compressore, già allestite secondo le nuove regole previste per l'anno successivo e che rimasero in vigore sino al 1965.
Negli anni Cinquanta a Monza furono organizzate diverse corse per vetture turismo, tra cui la Coppa Carri che si svolse per trentanove edizioni, dal 1955 al 1994, e il Trofeo Vigorelli che si disputò dal 1953 sino al 1958 con le auto turismo (poi con le Junior e le Formula 3).

the full 10-kilometre circuit. The British teams did not enter, however, because they believed the high speed oval exerted too much stress on their ultra-light cars. But Cooper still dominated the world championship and Jack Brabham had already won the world title for the second successive year by the time the Italian GP came around.
The race was won by American Phil Hill, with Richie Ginther second and Willy Mairesse third, all in Ferrari Dino 246s. There were also some private entrants on the starting grid for the 1960 event together with new, supercharged 1,500 cc cars built to the following year's formula, which would continue until 1965.
A number of touring car races took place at Monza in the Fifties, among them the Coppa Carri, which was run for 39 years from 1955 to 1994, and the Trofeo Vigorelli, which was held from 1953 to 1958, first for touring cars and later for Formula Junior and F3 entrants.
Fifties motorcycle racing was dominated by clash-

Stirling Moss bacia la moglie dopo la vittoria, ottenuta su Vanwall, al Gran Premio d'Italia 1957.

Stirling Moss kisses his wife after winning the 1957 Grand Prix of Italy in a Vanwall.

Luigi Musso, promettente pilota italiano prima della Maserati e poi della Ferrari. Morì nel 1958 durante il Gran Premio di Francia, a Reims.

Luigi Musso, the promising Maserati and, later, Ferrari driver. He was killed in 1958 during the Grand Prix of France at Reims.

Partenza del Gran Premio d'Italia del 1958. In testa le tre Vanwall di Lewis-Evans (n. 30), Stirling Moss (n. 26) e Tony Brooks (n. 28), che si aggiudicò la corsa, seguite dalle Ferrari 246 D di Mike Hawthorn (n. 14) e Phil Hill (n. 18). L'immagine consente di apprezzare l'intera estensione dei box di rifornimento, costruiti nel 1955 insieme ai box di rappresentanza, in fondo a destra. Altri box di rappresentanza furono costruiti dopo la linea di partenza.

The 1958 Grand Prix of Italy is flagged away. In the lead are the three Vanwalls of Stuart Lewis-Evans (30), Stirling Moss (26) and Tony Brooks (28), who won, followed by the Ferrari 246 Ds of Mike Hawthorn (14) and Phil Hill (18). The picture shows the entire 1955 extension of the pits, built at the same time as the hospitality accommodation at the end on the right. Other hospitality facilities were constructed just after the start line.

Negli anni Cinquanta, nel settore delle motociclette, dal punto di vista agonistico, tenne banco la sfida tra le moto italiane, quasi sempre vincenti, e le inglesi, nelle cilindrate maggiori, oltre alle tedesche, soprattutto le NSU, le DKW e le MZ, nelle classi più piccole. Nei sidecars, l'iniziale alternanza di vittorie di Gilera e Norton fu più avanti minacciata dalla BMW.

Tra i piloti si assistette a un ricambio generazionale con l'avvento di futuri grandi campioni italiani come Dario Ambrosini, Enrico Lorenzetti, Carlo Ubbiali, Umberto Masetti, Libero Liberati, Tarquinio Provini, Emilio Mendogni, i fratelli Alfredo e Gilberto Milani e inglesi come Leslie Graham, Geoff Duke, John Surtees.

Con il nuovo tracciato di 5.750 metri, inaugurato nel 1955, nel quale le due curve "in porfido" furono sostituite dalla curva parabolica, le velocità segnarono significativi incrementi fino a superare i 185 orari di media in gara per le 500; fu il caso

es between the Italian machines, which almost always won, and the British bikes in the large cubic capacity sector, while the battle in the smaller engined categories was between Germany's NSU, DKW and MZ. In sidecar racing, the initial alternating tussle for victory was between Gilera and Norton and later BMW.

One generation of motorcycle racers gave way to another with the arrival of future Italian champions such as Dario Ambrosini, Enrico Lorenzetti, Carlo Ubbiali, Umberto Masetti, Libero Liberati, Tarquinio Provini, Emilio Mendogi, brothers Alfredo and Gilberto Milani and Britons including Leslie Graham, Geoff Duke and John Surtees.

Speeds went up in increments on the new 5,750 metre circuit, which came into operation in 1955. The Parabolica replaced the concrete corners and speeds rose to over 185 km/h in the 500 cc category. That was the case with Libero Liberati on a Gilera in 1957 and John Surtees riding MVs in

Un gruppo di monoposto di Formula Junior sul raccordo che fu realizzato nel 1959 tra il rettifilo delle tribune e quello centrale, dando origine a una pista di 2.405 metri, detta appunto pista "junior".

A group of Formula Junior single-seaters on the 1959 link between the stand and central straights, which created a 2,405 metre long track called the Junior Circuit.

del vincitore del 1957 (Libero Liberati su Gilera), e di John Surtees con la MV nel 1958, nel 1959 e nel 1960, ovviamente anche grazie ai progressi tecnici delle moto.
Nel 1961, il Gran Premio d'Italia, penultima prova di campionato, si disputò ancora, per l'ultima volta, sul circuito completo di 10 chilometri ma, stavolta, gli inglesi vi presero parte. Stirling Moss, con la Lotus (la prima auto con telaio monoscocca, realizzato da Colin Chapman), aveva ancora la possibilità matematica di aggiudicarsi il Campionato che, sino a quel momento, vedeva al comando i piloti della Ferrari, Wolfgang Von Trips e Phil Hill. In quel Gran Premio esordirono anche tre giovani italiani: Giancarlo Baghetti su Ferrari (che aveva fatto la sua prima apparizione in Formula 1 al Gran Premio di Francia, a Reims, ottenendo anche la sua prima vittoria), Lorenzo Bandini (Cooper-Maserati) e Nino Vaccarella (De Tomaso-Alfa). Al secondo giro, la tragedia. La Lotus di Jim Clark tamponò la Ferrari di Wolfgang Von Trips, che s'inerpicò sulla scarpata e colpì con la fiancata la rete contro cui era assiepato il pubblico. Oltre al pilota morirono quindici spettatori. La gara continuò e ad aggiudicarsela fu Phil Hill, che conquistò anche il titolo mondiale con la Ferrari.
Nel 1962 e nel 1963 furono realizzate molte opere, prime fra tutte quelle concernenti la sicurezza:

1958, 1959 and 1960, to which technical progress also made its contribution.
The 1961 Grand Prix of Italy, penultimate round in the world championship, was staged once more on the full 10-kilometre circuit for the last time. This time, the British also entered. Stirling Moss in a Lotus, the first car with a monocoque chassis built by Colin Chapman. The Englishman was still in with a chance of winning the title, for which Ferrari drivers Wolfgang von Trips and Phil Hill were the leading contenders. Three young Italians made their debut in that event: Giancarlo Baghetti, (Ferrari, who had his first F1 drive at Reims in the Grand Prix of France, which he won), Lorenzo Bandini (Cooper-Maserati) and Nino Vaccarella (De Tomaso-Alfa Romeo). But tragedy struck on the second lap. Jim Clark's Lotus hit the back of the von Trips Ferrari, which reared up and mounted the escarpment: the side of the car hit the netting behind which spectators were crowded. Fifteen members of the public and von Trips were killed in the incident. The race continued and was won by Ferrari's Phil Hill, who also became the new world champion.
A great deal of work was carried out at the autodrome in 1962 and 1963. Safety was the prime concern, resulting in the installation of a guardrail, a network of protection along the whole track and, five metres beyond, a public containment fence.

Giancarlo Baghetti, vincitore su Ferrari del Gran Premio di Francia del 1961 al suo esordio in Formula 1.
Si ritirò dalle corse nel 1964.

Giancarlo Baghetti, winner of the 1961 Grand Prix of France for Ferrari while making his F1 debut. He retired from motor racing in 1964.

Carlo Ubbiali (nella foto a sinistra) conquistò cinque titoli mondiali nella classe 125 con la Mondial e la MV. A destra si riconosce Bruno Spaggiari.

Carlo Ubbiali (in the photo left) conquered five world titles in the class 125 with Mondial and MV. Right Bruno Spaggiari is recognised.

Phil Hill, vincitore su Ferrari dei Gran Premi d'Italia del 1960 e 1961. La sua attività in F.1, iniziata nel 1958, durò sino al 1964. Fu Campione del Mondo nel 1961 e vinse tre Gran Premi.

Phil Hill, winner of the 1960 and 1961 Grands Prix of Italy for Ferrari. He competed in Formula One from 1958 until 1964, during which time he won the 1961 drivers' world championship and three Grands Prix.

Gran Premio d'Italia del 1962. Innes Ireland su Lotus (n. 40), precede Dan Gurney su Porsche (n. 16) e Tony Maggs su Cooper (n. 30) all'imbocco della Parabolica.

Innes Ireland in Lotus number 40 leads Dan Gurney driving a Porsche (16) and Tony Maggs in a Cooper (30) into the entrance to the Parabolica during the 1962 Grand Prix of Italy.

Da sinistra: Jack Brabham, tre volte Campione del mondo e vincitore di 14 Gran Premi; Bruce McLaren (in secondo piano), vincitore di quattro gare in Formula 1, Stirling Moss, quattro volte secondo nel Campionato mondiale e vincitore di 16 Gran Premi; Tony Brooks, una volta secondo nel mondiale e vincitore di 5 Gran Premi.

From the left: Jack Brabham, three-times world champion and winner of 14 Grands Prix; Bruce McLaren (in the background) winner of four races in Formula 1; Stirling Moss four times second in the world championship and winner of 16 Grands Prix; Tony Brooks, once second in the world championship and winner of five Grands Prix.

guard-rail, una rete di protezione lungo tutta la pista e, a cinque metri, la rete di contenimento del pubblico. Poi, nel 1963, la costruzione di nuovi box (trenta di rifornimento e otto con funzioni tecniche) in posizione arretrata rispetto a quelli preesistenti, con una corsia di decelerazione delimitata da un muretto verso la pista. Inoltre fu realizzato un edificio a tre piani destinato alla direzione corse, sito in corrispondenza della linea del traguardo.
In quegli anni aumentarono anche le infrastrutture all'interno dell'impianto. A tal fine, nell'area del "Villaggio" sorse, nel 1962, un'originale costruzione ad ali di gabbiano che ospitò sino al 1997 il museo, in cui erano esposte auto e moto d'epoca. Nel 1965 fu realizzato un padiglione dove, sino al 1996, si svolse ogni anno, il Festival dell'autodromo, mostra di veicoli sportivi (auto e moto) e accessori. Nel 1965 furono realizzate la tribuna Parabolica (2.000 posti) e una gradinata sul rettilineo che porta alla curva Parabolica, oltre che all'interno della stessa curva, di circa 10.000 posti a sedere.

New pits were built in 1963, 30 for refuelling and eight for technical work. They were in a position further back than the ones they replaced, and a deceleration lane was delineated by a low wall towards the track. In addition, a three-floor building was constructed for race officials, located in correspondence with the start/finish line.
The autodrome's infrastructure expanded during the same period. An original looking gull wing construction was built in the village area in 1962 and that became the home of the museum, its vintage cars and motorcycles until 1997. A pavilion was went up in 1965 and that was where the Festival of the Autodrome – an exhibition of racing cars, motorcycles and accessories - was held, as were other events, until 1996. The Parabolica stand for 2,000 spectators was constructed in 1965, as were terraces on the straight leading to the big corner, plus another stepped facility on the inside of the bend, which could seat about 10,000. The 1962 Grand Prix of Italy returned to the com-

Partenza del Gran Premio d'Italia del 1961. Sono in testa Pedro Rodriguez e Wolfgang Von Trips, entrambi su Ferrari 156 F1.

Pedro Rodriguez and Wolfgang von Trips lead the field away in their Ferrari 156 F1s at the start of the 1961 Grand Prix of Italy.

Gran Premio d'Italia 1961. La Ferrari di Wolfgang Von Trips, dopo un urto con la Lotus di Jim Clark, s'inerpica sulla scarpata che costeggia la pista prima della Parabolica. L'urto contro la rete provocò la morte, oltre che del pilota, di 15 spettatori.

After being hit by Jim Clark's Lotus during the 1961 Grand Prix of Italy, Wolfgang von Trips' Ferrari climbed the embankment at the side of the track before the Parabolica and crashed into the netting, killing himself and 15 spectators.

Partenza del Gran Premio d'Italia del 1963. Scattano in testa Graham Hill (BRM n. 12) e John Surtees (Ferrari 156 F1 n. 4). Dalla seconda fila Jim Clark (Lotus n. 8) e Richie Ginther (BRM n. 10). Con una serie di lavori iniziati nel 1962, furono rifatti i box di rifornimento, con la corsia di decelerazione e la direzione corse.

The start of the 1963 Grand Prix of Italy, in which Graham Hill (BRM number 12) and John Surtees in the Ferrari F1 156 (4) shoot into the lead. Jim Clark (Lotus, 8) and Richie Ginther (BRM, 10) are in the second row. Work began in 1962 to reconstruct the pits, put in a deceleration lane and race directors' office.

Jim Clark, vincitore del Gran Premio d'Italia 1963, con la Lotus 25 sulla quale è salito Colin Chapman, il geniale costruttore delle Lotus di F. 1. Clark si laureò due volte Campione del mondo nel 1963 e nel 1965. Morì nel 1968 a Hockenheim durante una gara di F.2.

Jim Clark, winner of the 1963 Grand Prix of Italy in a Lotus 25, on which the car's brilliant constructor Colin Chapman hitched a ride. Clark won the world championship twice, in 1963 and 1965. He died at Hockenheim in 1968 during an F2 race.

Gran Premio d'Italia 1964. Un passaggio di John Surtees sulla Ferrari 158 F1 (n. 2) seguito da Dan Gurney su Brabham (n.16) e da Jim Clark su Lotus (n. 8).

John Surtees competing in the 1964 Grand Prix of Italy at the wheel of a Ferrari 158 F1 (2), followed by Dan Gurney in a Brabham (16) and Jim Clark in a Lotus (8).

Al Gran Premio d'Italia del 1962, tornato definitivamente sulla pista stradale, vinse Graham Hill su BRM, che a fine stagione si laureò anche Campione del Mondo.
La supremazia degli inglesi in F.1 si manifestò anche nel 1963, con l'affermazione di Jim Clark su Lotus, sia a Monza sia nel Mondiale.
Il 1964 fu invece l'anno della Ferrari, il cui pilota John Surtees vinse il Gran Premio d'Italia, laureandosi Campione del Mondo in Messico (dove la Scuderia di Maranello conquistò anche il titolo Costruttori).
Sulla pista stradale le medie delle gare erano arrivate frattanto a oltre 205 chilometri l'ora, assai vicine a quelle realizzate sul tracciato completo.
Il 1965 fu un anno assai fecondo per l'attività dell'autodromo, sul quale si disputò la prima edizione di diverse gare che ancora oggi sono in calendario. La più importante fu la 1000 Chilometri di Monza, che sarebbe divenuta una delle prove più prestigiose per qualità e numero di partecipanti fra quelle incluse nel Campionato mondiale Marche per vetture granturismo, sport e prototipi. Fu utilizzata la pista completa, con chicanes all'ingresso delle curve nord e sud dell'anello d'alta velocità. Davanti a una folla pari, se non superiore, a quella dei Gran Premi di F.1, vinse la coppia

bination road course and was won by Graham Hill in a BRM, on his way to becoming the year's world champion.
The supremacy of the British in F1 also manifested itself in 1963, with victory going to Jim Clark and his Lotus both at Monza and in the world championship.
But 1964 was Ferrari's year: John Surtees won the Grand Prix of Italy for Maranello as well as the world title in Mexico, where the Scuderia also became world champion constructor.
The average speed of races held on the combination track had now reached over 205 km/h and was closing in on top speeds recorded on the full circuit.
The autodrome had a really busy year in 1965, with the first of a number of different races taking place, all of which are still in the circuit's schedule today. The most important was the 1,000 Kilometres of Monza, a race that was to become one of the most prestigious events to take place at the track, due to the high quality and number of its entrants. Competitors included teams taking part in the World Constructors Championship for grand touring, sports and prototype cars. The full circuit was used, complete with the chicanes at the entrance to the north and south turns of the high speed oval. Mike Parkes and Jean Guichet won the

Mike Hailwood, sei volte Campione del mondo nella classe 500, vinse in questa categoria, con la MV, il Gran Premio delle Nazioni per cinque anni consecutivi (dal 1961 al 1965), mentre nel 1966, se lo aggiudicò con la Honda, nella classe 250. Gareggiò anche in F.1, disputando cinquanta Gran Premi e arrivando secondo al Gran Premio d'Italia del 1972 su una monoposto Surtees-Ford.

Six times 500 cc world champion, Mike Hailwood won the class in the Grand Prix of Nations on an MV for five consecutive years from 1961 to 1965. In 1966, he won the 250 cc category riding a Honda. He also competed in 50 Formula One races and came second in the 1972 Grand Prix of Italy, driving a Surtees-Ford.

Graham Hill, vincitore di 14 Gran Premi e due volte Campione del mondo (1962 e 1968). Vinse il Gran Premio d'Italia del 1962.

Graham Hill, winner of 14 Grands Prix, the 1962 and 1968 world championships, as well as the 1962 Grand Prix of Italy.

Jackie Stewart, tre volte Campione del mondo (1969, 1971, 1973) vinse il Gran Premio d'Italia del 1965 su BRM e quello del 1969 su Matra-Ford.

Jackie Stewart won the world championship in 1969, 1971 and 1973: he also took victory in the Grand Prix of Italy in 1965 in a BRM and 1969 driving a Matra-Ford.

Colin Davis su Wainer-Ford di Formula Junior al Gran Premio della Lotteria di Monza del 1963. Queste vetture di 1100 cc furono sostituite, l'anno seguente, dalle monoposto di Formula 3 di 1000 cc.

Colin Davis in a Formula Junior Wainer-Ford at the 1963 Grand Prix of the Monza Lottery. These 1100 cc cars were replaced the following year by 1000 cc Formula 3 single-seaters.

Il villaggio dell'autodromo negli anni Sessanta. In alto, a sinistra, l'edificio ad ali di gabbiano che per molti anni, sino al 1997, fu adibito a museo dell'auto e della moto; a destra, il padiglione nel quale si svolgono ancora oggi numerose manifestazioni fra le quali, sino al 1996, il Festival dell'autodromo, mostra di auto, moto sportive e accessori.

The Monza village in the Sixties. Above, left: the gullwing building that hosted the car and motorcycle museum for many years until 1997. Right: the pavilion, in which numerous events are still held, including the Festival of the Autodrome, an exhibition of sports cars, motorbikes and accessories, until 1996.

Parkes-Guichet su Ferrari 275 P2, seguita da Surtees-Scarfiotti su Ferrari 330 P2, da McLaren-Miles su Ford GT40 e da Pon-Slotemaker su Porsche 904 GTS. Quella prima edizione della 1000 Chilometri vide dunque al via vetture di grandi marche, guidate da piloti di assoluto rilievo, che assieme all'Alfa Romeo, negli anni Settanta, furono protagoniste di molte edizioni di quella prestigiosa corsa di durata.
Sul tracciato completo si disputarono tutte le "1000 Chilometri" sino al 1969, quando fu abbandonato in favore della sola pista stradale.
Nel 1965 si corse anche la prima edizione di un'altra manifestazione poi divenuta caratteristica dell'autodromo: il Trofeo Cadetti, una serie di gare che costituivano un apposito campionato. Quelle vetture, realmente "inventate" dai dirigenti dell'autodromo, erano le Formula Monza 875, equipaggiate con il motore della Fiat 500 (la sigla 875 indicava il prezzo delle piccole monoposto, che costavano appunto 875 mila lire). Con vetture un poco diverse, ma sempre destinate all'addestramento dei giovani, il Trofeo Cadetti si svolge tutt'ora, riscuotendo ancora un notevole successo. Le corse del Trofeo Cadetti si disputavano, ieri come oggi, sulla pista junior che, nel 1965, venne

first "1,000" in a Ferrari 275 P2, before a crowd that was at least as large as that attracted to an F1 event, if not larger. They were followed home by John Surtees-Ludovico Scarfiotti in a Ferrari 330 P2, Bruce McLaren-Ken Miles driving a Ford GT40 and Ben Pon-Rob Slotemaker at the wheel of a Porsche 904 GTS. That first 1,000 Kilometres of Monza saw the cars of the top motor manufacturers and leading drivers on the Monza grid and, together with the Seventies Alfa Romeos, were the stars of many subsequent versions of the prestigious endurance race.
The 1,000 Kilometres of Monza was held on the full circuit until 1969, when the high speed oval was dropped in favour of the combination road course.
The first of another series of events characteristic of Monza was staged at the autodrome in 1965: it was the Trofeo Cadetti, a programme of races that constituted a special championship. The cars, which were actually "invented" by the circuit management, were Formula Monza 875s, powered by a Fiat 500 engine: the 875 stood for the price of the little single-seaters, which cost 875,000 lire each. Although with rather different cars, the championship is still run as a training ground for young talent and even now achieves substantial

Nel 1965 si disputò la prima 1000 Chilometri di Monza, riservata a vetture sport e prototipo, sulla pista completa di 10 chilometri. Quella prima edizione fu vinta dalla coppia Parkes-Guichet su Ferrari 275 P2.

The first 1,000 Kilometres of Monza was run on the full 10-kilometre circuit in 1965 and was for sports racing cars and prototypes. The race was won by Mike Parkes-Jean Guichet in a Ferrari 275 P2.

Una monoposto del Trofeo Cadetti impegnata sulla pista "Junior" di Monza, dal 1965 dotata di un impianto di illuminazione per le gare in notturna.

A single-seater of the Trofeo Cadetti competing on the Junior circuit of Monza, from 1965 opportunely given an illumination plant to enable drivers to compete at night.

Il vice presidente dell'Automobile Club di Milano, Giovanni Lurani Cernuschi, figura eminente dell'automobilismo e del motociclismo sportivi, si congratula con Mike Parkes, vincitore della prima 1000 Chilometri di Monza.

The vice-president of the Automobile Club of Milan, Giovanni Lurani Cernuschi, a prominent figure in car and motorcycle racing, congratulates Mike Parkes, winner of the first 1,000 Kilometres of Monza.

Jack Brabham non fu soltanto Campione del mondo (nel biennio 1959-1960 e nel 1966) ma, dal 1961, fu anche costruttore. L'immagine lo ritrae al Gran Premio d'Italia del 1966 al volante di una sua monoposto: la Brabham con motore Repco.

Jack Brabham was not only world champion (in the two years 1959-1960 and in 1966) but, from 1961, he was also a constructor. The image shows him at the Grand Prix of Italy of 1966 at the wheel of one of his single-seaters: the Brabham with Repco engine.

dotata di un impianto di illuminazione per consentire di gareggiare anche in notturna.
Un'altra manifestazione importante prese avvio nel 1965: la 4 Ore di Monza, valida per il Campionato europeo vetture turismo che, a partire dal 1981, assunse la denominazione di "500 Chilometri di Monza".
Per quanto riguarda il Gran Premio d'Italia, il 1965 fu l'ultimo anno che vide al via le vetture con motore 1500 cc sovralimentato. Fu un Mondiale dominato da Jim Clark con la Lotus 33 (che vinse sei delle dieci prove in calendario), oltre al titolo di Campione del mondo. A Monza trionfò invece Jackie Stewart su BRM.
Nel 1966, la Ferrari allestì la 312 F1. La prima cifra di quella denominazione indicava 3000 cc, cilindrata del motore aspirato previsto dalla nuova formula, entrata in vigore proprio nel '66 e che restò in vigore sino al 1976, mentre 12 rappresentava il numero di cilindri del propulsore. Su quel-

success for a large number of its entrants.
The Trofeo Cadetti has always taken place on the junior track, which was given its own lighting system in 1965, so that races could also be held at night.
Another important event that got off the ground in 1965 was the 4 Hours of Monza, a round in the European Touring Car Championship, which was given the name "500 Kilometres of Monza" in 1981.
On the Grand Prix front, 1965 was the last year of the supercharged 1,500 cc cars. The Monza GP took place in a year dominated by Jim Clark and his Lotus 33: they won six of the 10 F1 world championship races and the world title. But the autodrome's GP was Jackie Stewart's: he was first across the line in a BRM that year.
In 1966, Ferrari entered its 312 F1, in which the 3 stood for the car's 3,000 cc engine, a new formula introduced that year and one which would continue until 1976: the 12, of course, represented the power unit's number of cylinders. Ludovico Scarfiotti won

Nel 1965 fu inaugurata la formula addestrativa "875 Monza", dove 875 stava a indicare il prezzo di quelle monoposto (875 mila lire), equipaggiate con il motore della Fiat 500. Nell'immagine, la vettura di Lella Lombardi, che corse anche in F. 1; sullo sfondo, Romolo Tavoni, artefice di questa formula, che diede vita al Trofeo Cadetti, articolato su dieci gare, ancora oggi esistente.

The 875 Monza training formula was inaugurated in 1965: 875 stood for the price of the car – Lit 875,000 – which was powered by a Fiat 500 engine. The picture shows the car of Lella Lombardi, who later became a Formula One competitor. In the background is Romolo Tavoni, driving force behind the 875 formula, who brought to life the Trofeo Cadetti, a series of 10 races, which still exists today.

Lodovico Scarfiotti, vincitore del Gran Premio d'Italia 1966. La Ferrari era la 312 F1, capace di sviluppare una potenza massima di 370 CV. In quell'anno entrò in vigore la formula dei motori aspirati 3 litri.

Ludovico Scarfiotti won the 1966 Grand Prix of Italy in the 370 hp Ferrari 312 F1. That year ushered in the normally aspirated three-litre formula.

Giacomo Agostini con la MV precede Mike Hailwood su Honda alla curva parabolica durante il Gran Premio delle Nazioni del 1966, che fu vinto dal pilota italiano.

Giacomo Agostini on an MV leading Mike Hailwood's Honda through the Parabolica during the 1966 Grand Prix of Nations, which was won by the Italian.

Giacomo Agostini tra il 1964 e il 1977, anno del suo ritiro dalle gare, conquistò 15 titoli mondiali: 7 nella classe 350 cc e 8 nella 500 cc sempre con la MV, tranne il titolo del 1975, ottenuto con la Yamaha 500. Vinse anche 18 titoli italiani; tagliò primo il traguardo in 122 Gran Premi.

From 1964 until he retired in 1977, Giacomo Agostini won 15 world championships, seven in the 350 class and eight in the 500, all on MVs except the 1975, which he won on a Yamaha 500. He also won 18 Italian titles and came first in 122 Grands Prix.

Gianni Agnelli con il presidente dell'ACI Luigi Bertett (a sinistra), e il figlio Edoardo a destra, ritratti a Monza in occasione del Gran Premio d'Italia 1969.

Gianni Agnelli at the 1969 Grand Prix of Italy with Luigi Bertett (left), president of the Automobile Club of Milan, and his son Edoardo (right).

Chris Amon e Lorenzo Bandini (a destra) vincitori della 1000 Chilometri 1967 su Ferrari 330 P4. Il pilota italiano perse la vita poco tempo dopo, a seguito di un incidente durante il Gran Premio di Montecarlo.

Chris Amon and Lorenzo Bandini (right), winners of the 1,000 Kilometres of Monza in 1967, driving a Ferrari 330 P4. The Italian driver lost his life soon afterwards, following an accident during the Grand Prix of Monaco.

la macchina Lodovico Scarfiotti vinse il Gran Premio d'Italia, in una stagione in cui Jack Brabham conquistò il suo terzo titolo mondiale, al volante di una monoposto che recava il suo nome (essendo diventato da qualche anno costruttore): la Brabham, spinta da motore Repco.

Negli anni 1967-1969, i risultati della Ferrari furono modesti. La Scuderia di Maranello non vinse nessun titolo mondiale, né Piloti né Costruttori, e neppure il Gran Premio d'Italia, che fu appannaggio, nel 1967 di John Surtees su Honda, nel 1968 di Denis Hulme su McLaren-Ford e nel 1969 di Jackie Stewart su Matra-Ford.

Nel 1970 la Ferrari tornò a competere per il Mondiale, vincendo quattro Gran Premi, tra cui quello d'Italia con Clay Ragazzoni, e giunse seconda nel Mondiale Costruttori per soli 4 punti dietro alla Lotus; l'altro suo pilota, Jacky Ickx, fu secondo nel Mondiale Piloti. Il titolo fu assegnato "post mortem" a Jochen Rindt, che era in testa al Campionato prima di Monza, dove perse la vita in prova, uscendo di pista alla curva Parabolica.

Nel 1971 Peter Gethin su BRM vinse il Gran Premio d'Italia a 242,615 km/h di media, dopo un

the Grand Prix of Monza in just such a car during a season in which Jack Brabham, who had been building his own F1 racers for several years, won his third world championship in a single-seater bearing his own name: the Brabham Repco.

Ferrari's results were modest from 1967-1969. Maranello won neither drivers' nor constructors' world championships and did not even win their own national Grand Prix of Italy. The race went to John Surtees at the wheel of a Honda in '67, Denny Hulme in a McLaren-Ford in '68 and Jackie Stewart again in '69, but this time in a Matra-Ford.

But in 1970, Ferrari returned to its winning ways and competed convincingly for the world title once more, scoring four Grands Prix victories. One of them was in the Italian GP, which went to Clay Regazzoni and that contributed to the team taking second place in the constructors' championship, just four points behind the winners, Lotus. The Scuderia's other driver, Jacky Ickx, came second in the F1 drivers' points table. The title was won posthumously by Austrian Jochen Rindt, who was leading the championship table before he was killed at Monza, having gone off at the Parabolica during practice.

1000 Chilometri di Monza 1969. Il tracciato completo di 10 km venne rallentato dalle chicane all'ingresso nord (nella foto) e a quello sud della pista d'alta velocità.

The 1969 1,000 Kilometres of Monza: the full 10-kilometre circuit was slowed by chicanes at the northern (pictured) and southern entrances to the high speed oval.

John Surtees su Honda RA300 e Chris Amon su Ferrari 312 F1 durante il Gran Premio d'Italia del 1967. La corsa fu vinta proprio da Surtees, che era stato per quattro anni alla Ferrari, con la quale si era aggiudicato il titolo di Campione del mondo 1964.

John Surtees driving a Honda RA300 and Chris Amon the Ferrari 312 F1 during the 1967 Grand Prix of Italy. Surtees won after spending four years at Ferrari, with whom he won the drivers' world championship in 1964.

Partenza del Gran Premio d'Italia del 1968. Scatta in testa Jackie Stewart con la Matra (n. 4). Molte macchine disponevano dell'alettone introdotto al Gran Premio del Belgio di quell'anno dalla Ferrari per ottenere maggior aderenza al suolo.

The start of the 1968 Grand Prix of Italy. Jackie Stewart gets away first in the Matra (4). Many of the cars had "grown" wings, first introduced at the Grand Prix of Belgium by Ferrari to provide more grip.

Jackie Stewart su Matra MS-80 Ford, seguito da Graham Hill su Lotus 72 durante il Gran Premio d'Italia del 1969 che fu vinto dal pilota scozzese.

Jackie Stewart in the Matra-Ford MS-80, followed by Graham Hill in a Lotus 72 during the 1969 Grand Prix of Italy, which was won by the Scot.

memorabile arrivo in volata di cinque macchine, tutte raggruppate in meno di 1 secondo. Anche l'anno precedente si era assistito all'arrivo di cinque monoposto in meno di un secondo, dietro alla Ferrari di Ragazzoni, prima con un vantaggio di circa 6 secondi sulla March-Ford di Jackie Stewart. Nell'arco di un solo decennio le auto da corsa erano diventate molto più potenti, passando dai 200 cavalli dei motori di 1500 cc (in vigore sino al 1965), ai quasi 500 cavalli raggiunti dai motori di 3000 cc, all'inizio degli anni Settanta.
Oltre alla maggior potenza dei propulsori, l'adozione di pneumatici di grande sezione e di dispositivi aerodinamici, come alettoni posteriori e "baffi" anteriori, si rivelarono fattori in grado di aumentare in maniera esponenziale la tenuta di strada delle vetture, grazie all'effetto suolo che le teneva letteralmente incollate alla pista. Le veloci curve di Monza non riuscivano più a far emergere le qualità di guida dei migliori e, per questo, si formavano gruppi di auto in cui, chi stava davanti, trascinava nella propria scia tutti gli altri. Il "Curvone", ad esempio, si percorreva ormai a tutto gas con le auto incollate all'asfalto.
Per quanto riguarda le moto, gli anni Sessanta portarono con sé altri protagonisti. Sulla scena mon-

The 1971 Grand Prix of Monza was won by Peter Gethin in a BRM at an average speed of 242.615 km/h after a memorable mass finish by five cars, all clustered together with less than a second between them. The same thing had happened the year before, when five closely spaced finishers followed Clay Regazzoni across the line, his Ferrari just six seconds ahead of second placed Jackie Stewart's March-Ford.
In a single decade, cars had become much more powerful, moving on from an output of 200 hp by the 1965 1,500 cc engines to almost 500 hp generated by the 3,000 cc cars at the start of the Seventies.
As well as more power, bigger section tyres and aerodynamic devices like front and rear wings showed they were able to dramatically increase a car's grip: and so did ground effect, which literally kept single-seaters glued to the track's surface. Monza's fast corners were no longer able to bring out the driving qualities of the best competitors, which is why cars clustered together: the racecar up front "towed" the ones following in its slipstream. The big corner was now taken at full power, with the cars stuck firmly to the track's surface by the ground effect phenomenon.
The Sixties brought a generation of new riders and

Passaggio in curva di un gruppo di sidecars. Uno dei "passeggeri" (n. 1) è completamente fuori dal carrozzino.

A group of motorcycles and sidecars cornering at Monza. One of the "passengers" in number one is completely outside the 'car.

Il presidente dell'ACI, Gustavo Marinucci (secondo da sinistra) al Gran Premio d'Italia del 1969 accompagnato da Giuseppe Bacciagaluppi, a sinistra, con l'immancabile sigaro. Bacciagaluppi diresse l'autodromo dal 1948 al 1998, e ricoprì importanti cariche negli organismi sportivi nazionali e internazionali.

The president of the ACI, Gustavo Marinucci (second from the left) at the Grand Prix of Italy of 1969, accompanied by Giuseppe Bacciagaluppi (left) with his inevitable cigar. Bacciagaluppi directed the autodrome from 1948 to 1998 and covered important charges in the sporting organisms, national and international.

Un passaggio alla Parabolica di una Fiat 600 alla Coppa Carri del 1971, una "classica" di Monza per vetture turismo, che si disputò per 39 edizioni, dal 1955 al 1994.

A Fiat 600 at the Parabolica during the 1971 Coppa Carri, a Monza classic for touring cars. The race was held 39 times between 1955 and 1994.

I fratelli Tino (con il casco) e Vittorio Brambilla, valenti piloti monzesi. Tino gareggiò soprattutto sulle F. 3, mentre Vittorio fu protagonista anche in F. 1 vincendo, con la March-Ford, il Gran Premio d'Austria del 1975.

Brothers Tino (with helmet) and Vittorio Brambilla, talented drivers from Monza. Tino competed mainly in F3, while Vittorio was also a star of F1 and won the Grand Prix of Austria in a March in 1975.

diale e su quella monzese arrivarono nuovi piloti e nuove macchine tra cui quelle dell'industria motociclistica nipponica, che partendo quasi in sordina dalle piccole cilindrate, andarono progressivamente affermandosi sulla scena internazionale.
Se nel Gran Premio delle Nazioni del 1960 dominò la MV in tutte le cilindrate, con i successi nella 125 e nella 250 del pluri-iridato Carlo Ubbiali (9 mondiali al suo attivo), poi ritiratosi a fine stagione, di Gary Hocking nella 350 e di John Surtees nella 500, solo due anni dopo, nel 1962, le Honda conquistarono la vittoria nelle tre classi intermedie, 125, 250 e 350, lasciando alla MV la classe 500 e alla Kreidler la neonata classe 50 cc.
La Honda si ripetè nel 1963 e 1964 con lo svizzero Luigi Taveri nella 125 e con il rodesiano Jim Redmann nella 350; la Casa nipponica continuò a impressionare tutti nelle piccole e medie cilindrate, frazionate a 2, 4, 5 e persino 6 cilindri, fino al suo ritiro, avvenuto alla fine della stagione 1967. Mentre nella 250 le Morini e le Benelli riuscirono

machines to world championship and Monza motorcycle racing: that included the Japanese manufacturers, who started out rather cautiously with bikes of small cubic capacity, gradually establishing themselves on the international stage.
MV dominated the 1960 Grand Prix of Nations in all classes. Victory in the 125 and 250 categories went to nine times world champion Carlo Ubbiali, who retired at the end of that season, to Gary Hocking in the 350 and John Surtees in the 500. But it only took another two years for Honda to win the three 125, 250 and 350 intermediate classes, leaving just the 500 to MV and the 50 cc category to the new Kreidler team.
Honda repeated the process in 1963 and 1964 with Swiss rider Luigi Taveri in the 125 class and Rhodesian Jim Redmann in the 350. The Japanese manufacturer continued to dominate all the small and medium cubic capacity categories with two, four, five and even six cylinder machines until its retirement at the end of 1967. Meanwhile, Morini

Partenza di una gara di Formula 3. Negli anni Settanta all'autodromo di Monza si disputavano anche quattro o cinque corse in una sola stagione, la più importante delle quali era rappresentata dal Gran Premio della Lotteria.

The start of an F3 race, of which four or five were held at the Monza autodrome each year during the Seventies, the most important the Grand Prix of the Lottery.

Fotografi "fotografati" mentre fissano sulla pellicola la Lotus 72 di Jochen Rindt, al Gran Premio d'Italia del 1970. Il pilota perse la vita in un incidente durante le prove. In quella stagione, aveva già vinto cinque Gran Premi. Gli fu assegnato il titolo di Campione del mondo "alla memoria".

Photographers photographed as they shoot Jochen Rindt and his Lotus during the 1970 Grand Prix of Italy weekend. The Austrian driver lost his life in a practice accident. He had already won five Grands Prix that season, at the end of which he became the sport's only posthumous winner of the F1 world championship.

Clay Ragazzoni, vincitore su Ferrari del Gran Premio d'Italia 1970, si riconfermò, sempre con la Ferrari, nel 1975. Fu costretto a ritirarsi dalle gare per le conseguenze patite in un incidente al Gran Premio USA-West, a Long Beach, nel 1980.

Clay Regazzoni won the 1970 Grand Prix of Italy in a Ferrari and did so again in one of Maranello's cars in 1975. He was forced to retire from motor racing, due to injuries he sustained in an accident at the 1980 Grand Prix U.S.A.-West at Long Beach.

Andrea De Adamich sulla March-Alfa Romeo al Gran Premio d'Italia del 1971. Pilota anche di corse di durata, vinse due volte nella propria categoria alla 1000 Chilometri di Monza.

Andrea De Adamich, who was also an endurance driver, competing in a March-Alfa Romeo during the 1971 Grand Prix of Italy. He won his class twice in the 1,000 Kilometres of Monza.

Gran Premio delle Nazioni del 1970. Giacomo Agostini (n. 1) e Angelo Bergamonti (n. 3), che si classificarono primo e secondo sulle MV e Renzo Pasolini, su Benelli (n. 2), che fece registrare il giro più veloce.

The 1970 Grand Prix of Nations: Giacomo Agostini (1) and Bergamonti (3), who came first and second on MVs and Renzo Pasolini on a Benelli (2), who set the fastest lap.

ancora a opporre una qualche resistenza con un paio di vittorie di Tarquinio Provini, già dalla metà degli anni Sessanta, Honda, Yamaha (con i piloti Phil Read e Bill Ivy), e sporadicamente Suzuki, divennero vincenti un po' in tutte le classi, prevalendo su Benelli, Aermacchi, MZ, Jawa e altre marche.
Nelle mezzo litro, la 4 cilindri della Meccanica Verghera (in seguito ridotta a 3 cilindri) restò imbattibile e trovò in Mike Hailwood, vincitore di 5 "Nazioni" consecutivi, tra il 1961 e il 1965 e di 9 titoli mondiali, un degno continuatore dell'opera di John Surtees. Ancora meglio si comportò l'ex "allievo" Giacomo Agostini, che tra il 1966 e il 1973 vinse a Monza 8 volte (nella 350 e nella 500) e con la MV conquistò 13 titoli iridati nelle due categorie, più altri due quando, a fine carriera, passò alla Yamaha. Un record ancora oggi imbattuto.
Mentre le prestazioni e le velocità continuarono a salire (nel 1967 lo stesso Giacomo Agostini vinse superando per la prima volta a Monza la fatidica soglia dei 200 orari di media), sul finire del decennio scesero in pista nuove moto di piccola cilindrata come la Jamanthi, la Derbi, le italiane Morbidelli, Villa e le "artigianali mezzo litro" italiane Paton e Linto.
Tra tanti nuovi piloti si mise in evidenza un eclettico riminese con gli occhiali, Renzo Pasolini, che in sella ad Aermacchi e Benelli passava con disin-

and Benelli were still able to put up some useful resistance in the 250 class, scoring a couple of victories with Tarquinio Provini. From the mid-Sixties onwards, though, Hondas and Yamahas ridden by Phil Read and Bill Ivy – and occasionally Suzukis - became winners in more or less all the classes, beating Benelli, Aermacchi, MZ, Jawa and others.
In the half-litre category, the four – later three - cylinder Meccanica Verghera was still unbeatable, especially when the team recruited Mike Hailwood: he won five consecutive Nations events from 1961 to 1965 and nine world titles, to become a worthy heir to John Surtees. Ex-student Giacomo Agostini did even better: he won eight times at Monza in the 350 and 500 cc categories and became world champion 13 times with MVs in the two classes. Agostini also won another two world titles after moving to Yamaha at the end of his career: his record is still unbeaten.
While performance and speeds began to climb – in 1967, winner Agostini broke the much vaunted 200 km/h average speed barrier – as new motorcycles of small cubic capacity took to the track at the end of the decade, among them Jamanthi, Derbi, Italy's Morbidelli, Villa and the artisan half-litre Italians Paton and Linto.
The many new riders in circulation included a versatile, bespectacled man from Rimini named Renzo Pasolini, who moved with ease from the 250 class to

voltura dalla 250 alla 350 e da questa alla 500. Fu uno dei più validi antagonisti di Giacomo Agostini, tanto che tra loro si creò un'accesa quanto sportiva rivalità che si manifestò in numerosi memorabili duelli.

the 350 and on to the 500 in the saddle of Aermacchis and Benellis. Pasolini was one of Agostini's most capable opponents, so much so that a determined but sporting rivalry developed between the two of them, and that resulted in numerous memorable duels.

Un folto gruppo di vetture alla curva Parabolica durante la 1000 Chilometri del 1971. In testa sono le Porsche 917 K di Rodriguez-Oliver (n. 2) e Siffert-Bell (n. 1), seguite dalle Ferrari 512 M di Parkes-Bonnier (n. 8) e 312 P di Ickx-Regazzoni (n. 15). Fu la Porsche di Rodriguez-Oliver ad aggiudicarsi la corsa.

A clutch of cars at the Parabolica during the 1971 1,000 Kilometres of Monza. The Rodriguez-Oliver (2) and Siffert-Bell (1) Porsche 197 Ks are leading, followed by the Ferrari 512 M (8) of Parkes-Bonnier and the 312 P of Ickx-Regazzoni (15). The Rodriguez-Oliver Porsche won.

L'arrivo di cinque concorrenti nello spazio di un secondo al Gran Premio d'Italia del 1971, vinto da Peter Gethin su BRM. Gli alettoni posteriori, insieme a pneumatici di grande sezione, aumentavano i valori di aderenza delle vetture al suolo e le curve di Monza non riuscivano più a selezionare i migliori. Si formavano così gruppi di vetture che procedevano insieme per tutta la gara. L'anno seguente, furono introdotte le chicane anche sulla pista stradale.

Five competitors cross the finish line of the 1971 Grand Prix of Italy, all in the space of a second: the winner Peter Gethin in a BRM. The rear wings and large section tyres increased grip: victory at Monza no longer went to the best driver. Cars just bunched together and covered the whole race distance like that. Chicanes were also introduced on the combination road circuit the following year.

1972-1988

All'inizio degli anni Settanta, per evitare il formarsi di gruppi che le curve non riuscivano a rompere, furono realizzate due chicane: una sul rettilineo delle tribune, l'altra alla curva del Vialone, che poi divennero Prima Variante e Variante Ascari. Una terza fu introdotta prima delle curve di Lesmo. Le medie, nei Gran Premi, scesero di trenta e più chilometri. Una nuova generazione di piloti era entrata sulla scena, sostituendo gradualmente quelli della generazione precedente. Tra gli altri, si affermarono: Emerson Fittipaldi, Clay Ragazzoni, Ronnie Peterson, Niki Lauda, Alain Prost, Nelson Piquet, Ayrton Senna. In questo periodo la Ferrari vinse sei titoli mondiali fra i costruttori, la Williams e la McLaren quattro ciascuno. In seguito a un grave incidente nel Gran Premio delle Nazioni del 1973, la prova motociclistica si corse su altri circuiti. Tornò a Monza per alcune edizioni negli anni Ottanta. La 1000 Chilometri, il Gran Premio della Lotteria, la 4 Ore, alcune fra le gare più importanti. Nel 1978 la prima edizione di una corsa originale: il Rally di Monza.

To avoid the forming of groups, which the curves were unable to break up, two chicanes were realised: one on the straight of the stand, the other at the Vialone curve, which then became First Variant and Ascari Variant. A third was introduced before the curve of Lesmo. The average, in Grands Prix, descended by thirty and more kilometres. A new generation of drivers had entered the scene and gradually took over from those of the precedine generaion. Among them, Emerson Fittipaldi, Clay Regazzoni, Ronnie Peterson, Niki Lauda, Alain Prost, Nelson Piquet, Ayrton Senna. In this period, Ferrari won six world titles among the constructors, Williams and McLaren four each. After a grave accident in the Grand Prix of the Nations of 1973, the round of the motorcycle world championship was raced on other circuits. Returned to Monza for some editions in the Eighties. The 1000 Kilometres, the Grand Prix of the Lottery, the 4 Hours, some of the most important races. In 1978 the first edition of an original race: the Rally of Monza.

Gran Premio d'Italia 1979. Un gruppo di concorrenti guidato da Bruno Giacomelli su Alfa Romeo 179 affronta la prima Variante.

1979 Grand Prix of Italy: led by Bruno Giacomelli in an Alfa Romeo 179, a group of competitors moving into Monza's first variant.

FORZA-BRUNO
Marlboro
Marlboro
Castrol
LIGIER
GITANES
25
elf
MARTINI
MARTINI RACING
TISSOT
QUARTZ
MARTINI
LOTUS
2
9
27
14

Per rendere la pista stradale più selettiva, nel 1972, furono realizzate due chicane: una appena prima dell'imbocco della pista d'alta velocità (sopra), e un'altra all'altezza della curva Ascari (a fianco).

To make the combination road course more selective, two chicanes were installed at Monza in 1972, one just before the entrance to the high speed oval (above) and the other at the Ascari variant (opposite).

Meccanici lavorano in una rimessa, ancora degli anni Venti, dove si portavano le vetture quando non erano in pista, in un'immagine dell'inizio degli anni Settanta.

Mechanics working in a garage dating back to the Twenties, to which cars were driven when they were not on the track. The picture was taken in the early Seventies.

Per rendere la pista di Monza più selettiva, in accordo con la G.P.D.A. (Grand Prix Drivers Association), nel 1972 furono realizzate due chicane: una sul rettifilo delle tribune, all'altezza della variante junior (per consentire di ridurre la velocità d'ingresso alla curva Grande); l'altra all'entrata della curva Ascari. Durante il Gran Premio d'Italia di quell'anno, vinto da Emerson Fittipaldi su Lotus 72, la media fu di poco inferiore ai 211 km/h.
Durante il Gran Premio delle Nazioni del 1973, che si disputò sul circuito stradale (senza chicane), poco dopo la partenza della classe 250 cc, il grippaggio di un pistone della moto di Renzo Pasolini provocò la caduta di molti concorrenti all'ingresso della curva Grande. In quell'occasione persero la vita Pasolini e Saarinen. Quaranta giorni dopo, durante una gara per juniores, nello stesso punto, perirono i piloti "gentlemen" Chio-

In agreement with the Grand Prix Drivers' Association, two chicanes were built at the autodrome in 1972, to make the circuit more eclectic. One was installed on the stand straight at the height of the junior variant, its objective to reduce speed of entry into the big corner: the other was placed at the entrance to Ascari. The average speed of that year's Grand Prix of Italy, which was won by Emerson Fittipaldi in a Lotus 72, was just under 211 km/h.
Soon after the start of the 250 cc race of the 1973 Grand Prix of Nations, which took place on the combination road course without chicanes, a seized piston on Renzo Pasolini's bike sparked off an accident at the entrance to the big corner involving many competitors, in which Pasolini and Jarno Saarinen both lost their lives. Forty days later, gentlemen riders Chionio, Renato Gal-

Emerson Fittipaldi in compagnia della moglie ripreso sul podio del Gran Premio d'Italia 1972, che si aggiudicò al volante della Lotus 72. A fine stagione, il pilota brasiliano fu Campione del mondo, così come nel 1974 (su McLaren-Ford).

Emerson Fittipaldi and his wife on the podium of the 1972 Grand Prix of Italy, which he won in a Lotus 72. The Brazilian became world champion at the end of that season, as he did in 1974 driving a McLaren-Ford.

Jackie Ickx sorride felice in compagnia della moglie, dopo aver conquistato la vittoria alla 1000 Chilometri di Monza del 1973 con la Ferrari 312 P in coppia con Brian Redman.

Jackie Ickx smiles happily in the company of his wife, after having won the 1973 1,000 Kilometres of Monza with Brian Redman in a Ferrari 312 P

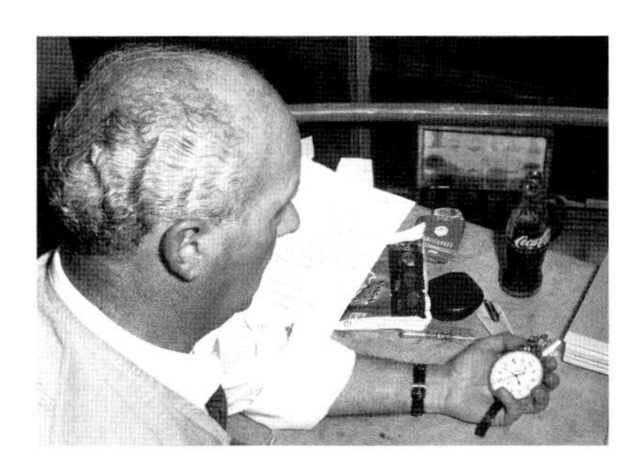

Cronometristi all'opera negli anni Settanta, quando non si usavano ancora le fotocellule.

Time keepers at work in the Seventies, before the introduction of photo-electric cells.

Un duello tra Renzo Pasolini e Jarno Saarinen, scomparsi entrambi il 20 maggio 1973 in un incidente accaduto al curvone durante il Gran Premio delle Nazioni

A duel between Renzo Pasolini and Jarno Saarinen, who both died on 20 May 1973 in an accident that took place at the big curve during the Grand Prix of Nations.

Gran Premio d'Italia del 1973.
Gianni Restelli, per molti anni direttore di pista, segnala l'arrivo al vincitore Ronnie Peterson su Lotus 72.

1973 Grand Prix of Italy. Gianni Restelli, director of the circuit for many years, signals the arrival of winner Ronnie Peterson in a Lotus 72.

nio, Galtrucco e Colombini. Il Gran Premio motociclistico non si corse più sulla pista di Monza, ritenuta troppo pericolosa, sino al 1981. Le moto gareggiarono soltanto sulla pista junior, ma solo nelle competizioni minori.
Sulla "stradale" rallentata dalle chicane si svolse l'attività automobilistica dei tre anni successivi. Il Gran Premio d'Italia fu vinto nel 1973 e 1974 da Ronnie Peterson su Lotus, mentre nel 1975 la vittoria fu conquista da Clay Ragazzoni su Ferrari; quell'anno la Scuderia di Maranello tornò ai vertici della Formula 1, vincendo il Mondiale Costruttori, e Niki Lauda, l'altro alfiere del Cavallino, si laureò Campione del mondo Conduttori.
I continui, anche se non gravi incidenti, denunciavano l'insufficienza delle chicane, che furono pertanto sostituite da vere e proprie curve. Al posto della stretta curva iniziale del Vialone (la variante Ascari), ne fu realizzata un'altra di maggior'ampiezza, modificata anche del tratto successivo; fu inoltre creato un ampio spazio di sicurezza con letto di sabbia e reti frenanti. Nel 1976, in sostituzione della chicane situata sul rettifilo delle tribune, nello stesso punto, dopo l'inizio

trucco and Colombini died after an accident in a juniors race in the same place. Motorcycle Grands Prix were never run at Monza again: they were considered too dangerous until 1981. Bikes only competed on the junior circuit in minor events.
Car racing took place on a combination circuit slowed by the chicanes for three successive years. The 1973 and 1974 Grands Prix of Italy were won by Ronnie Peterson driving Lotuses. Victory in 1975 went to Clay Regazzoni and his Ferrari 312 T, the car that enabled the Scuderia to make its way back to the top of Formula One: Maranello won the constructors' world title and their other standard bearer, Niki Lauda, became the world champion driver.
Accidents continued to happen at Monza, although none were serious, but they did point to the limited effectiveness of the chicanes, which were replaced by real corners. In place of the tight, initial Vialone curve – the Ascari - came another corner of greater width and the subsequent section of track was modified: an ample run-off safety space was created with an arrestor bed of sand and netting to reduce impact. In 1976, a variant

Passaggio alla Parabolica di un gruppo di concorrenti durante la 1000 Chilometri del 1973. Davanti a tutti è la Ferrari 312 P di Ickx-Redman, che si aggiudicò la corsa.

A group of competitors at the Parabolica during the 1973 1,000 Kilometres of Monza, led by eventual winners Jackie Ickx-Brian Redman in the Ferrari 312 P.

Peterson (a sinistra) e Fittipaldi, primo e secondo al Gran Premio d'Italia del 1974. Tra loro due, il Presidente dell'ACI, Filippo Carpi de' Resmini. Alla destra di Peterson, il Presidente dell'AC Milano, Camillo Ripamonti e, dietro, il Presidente onorario dell'ACI, Gustavo Marinetti.

Ronnie Peterson (left) and Emerson Fittipaldi, who come first and second respectively in the 1974 Grand Prix of Italy. Between them is the President of the AC Milano, Filippo Carpi de' Resmini. Camillo Ripamonti, President of the AC of Milan on Peterson's right, as well as honorary President of the ACI, Gustavo Marinetti.

della curva Nord della pista di velocità, fu realizzata una variante costituita dalla successione di due curve sinistre e due curve destre alternate; il raggio e l'ampiezza di dette curve erano tali da ridurre la velocità di percorrenza a circa 100 km/h all'ingresso e 120 km/h in uscita.
La velocità massima sul rettifilo d'imbocco della curva Grande veniva così ridotta da oltre 300 a circa 180 km/h. Contemporaneamente un'altra variante fu realizzata a circa 300 metri dall'ingresso della prima curva destra di Lesmo, costituita da una curva sinistra seguita da una curva destra; tale intervento permise di diminuire la velocità massima sul rettifilo d'imbocco da 280 a 180 km/h. Anche queste due ultime varianti furono dotate di adeguati spazi di sicurezza, sistemati a sabbia e di reti frenanti. L'introduzione delle tre varianti, che portarono la lunghezza

replaced the chicane on the stand straight, after the start of the high speed oval's north turn: it comprised a succession of two alternating left and right hand corners, their radius and width sufficient to reduce the negotiating speed to about 100 km/h on entry and to 120 km/h on exit.
The maximum speed on the straight leading to the start of the big corner was also reduced from over 300 km/h to around 180 km/h. At the same time, another variant was set up about 300 metres from entry into Lesmo's first right hander, made up of a curve to the left followed by another to the right, a change that lowered the maximum speed on the preceding straight from 280 km/h to 180 km/h.
Those last two variants were also given suitable run off safety space, arrester beds and catch fencing. The introduction of the three kinks, which took the length of the combination road course to

L'Alfa Romeo 33 TT12 che si aggiudicò la 1000 Chilometri del 1974. A condurla alla vittoria furono Mario Andretti e Arturo Merzario, ripresi davanti alle due Matra MS 670B degli equipaggi Larousse - Pescarolo (n. 2) e Jarier - Beltoise (n. 1), all'uscita della variante Ascari.

The Alfa Romeo 33 TT12 that won the 1974 1,000 Kilometres, driven by Mario Andretti and Arturo Merzario, photographed at the head of a group exiting the Ascari variant.

Schieramento di partenza di un'edizione della Coppa Carri degli anni Settanta, gara riservata alle vetture turismo.

A Seventies starting grid for one of the Coppa Carri touring car races.

Un gruppo di personaggi di spicco dell'Automobile Club di Milano e dell'autodromo di Monza ispezionano il percorso per verificare le modifiche apportate al tracciato nel corso degli anni Settanta. Da destra: Giuseppe Bacciagaluppi, Giovanni Lurani e, di spalle, Camillo Ripamonti. Dietro, da destra, Ottorino Maffezzoli, Gianni Restelli e Tonino Brivio.

A group of leading Automobile Club of Milan and Monza Autodrome personalities inspecting the track to see for themselves the modifications carried out during the Seventies. From the left: Giuseppe Bacciagaluppi, Giovanni Lurani and, with his back to the camera, Camillo Ripamonti. Behind from the right: Ottorino Maffezzoli, Gianni Restelli and Tonino Brivio.

del tracciato stradale a 5.800 metri, ne ridussero notevolmente la velocità di percorrenza.
Nel 1976 Ronnie Peterson su March-Ford vinse, per la terza volta, il Gran Premio d'Italia 199,749 km/h di media. Nel 1977 Mario Andretti si aggiudicò la corsa con la Lotus 78 a 206,014 km/h e Niki Lauda, su Brabham-Alfa, vinse l'edizione del 1978 a 207,525 km/h.

5,800 metres, reduced lap times considerably. Ronnie Peterson won the Grand Prix of Italy for the third time in 1976 in a March-Ford at an average speed of 199.749 km/h and the 1977 GP went to Mario Andretti driving a Lotus 78 at 206.014 km/h. It was Niki Lauda's victory in 1978 in a Brabham-Alfa and his average speed was 207.525 km/h.

Niki Lauda, all'epoca già pilota ufficiale della Ferrari, vinse la 4 Ore del 1975, gara valida per il Campionato europeo turismo.

Niki Lauda, already a Ferrari works driver, wins the 1974 Four Hours of Monza, a round in the European Touring Car Championship.

Anni Settanta: giornalisti al lavoro in sala stampa.

Journalists at work in the Monza press room in the Seventies.

Gran Premio d'Italia 1974. Da sinistra, Bernie Ecclestone, all'epoca team manager della Brabham, Carlos Reutemann e il progettista Gordon Murray.

1974 Grand Prix of Italy: from the left, Bernie Ecclestone, manager of Brabham at the time, Carlos Reutemann and designer Gordon Murray.

Clay Ragazzoni, vincitore del Gran Premio d'Italia del 1975 su Ferrari 312 T, seguito dal compagno di squadra Niki Lauda all'uscita della curva Ascari.

Clay Regazzoni, winner of the 1975 Grand Prix of Italy in a works Ferrari 312 T, leading his team mate Niki Lauda out of the Ascari variant.

Quest'ultimo Gran Premio fu funestato da un incidente provocato da una collisione avvenuta poche centinaia di metri dopo la partenza. Tra i piloti coinvolti, Ronnie Peterson, ricoverato all'ospedale, si spense il giorno dopo, mentre Vittorio Brambilla, le cui condizioni avevano in un primo tempo destato paure, guarì dopo alcuni mesi di degenza. Nel 1979 la Ferrari tornò alla vittoria a Monza con Jody Scheckter, alla media di 212,185 km/h. Questo successo gli assicurò il titolo di Campione del mondo Conduttori di Formula 1 e alla Ferrari quello fra i Costruttori.
Negli anni Settanta all'autodromo di Monza si svolse un'intensa attività, non solo per quanto riguarda le corse. I calendari degli avvenimenti sportivi furono molto fitti, con oltre trenta manifestazioni l'anno.

The 1978 GP was marred by a fatal accident that happened just a few hundred metres from the start. Of the drivers involved in the collision, Ronnie Peterson was taken to hospital, where he died the following day: Vittorio Brambilla recovered from his injuries after several months of recuperation.
Ferrari was back winning at Monza again in 1979 with a 312 T4-mounted Jody Scheckter, whose average speed was 212.185 km/h: it was a victory that secured the Formula One drivers' world championship for the South African and the constructors' title for Maranello.
Monza was a hive of activity in the Seventies and not just because of motor racing. The circuit's sports calendar was packed with more than 30 races a year. The 1972 1,000 Kilometres, the autodrome's most important race after the Grand Prix,

Gran Premio d'Italia 1976. Alessandro Pesenti Rossi su Tyrrell-Ford precede la March-Ford di Vittorio Brambilla e la McLaren-Ford di Jochen Mass.

Grand Prix of Italy 1976. Alessandro Pesenti Rossi in a Tyrrell-Ford precedes the March-Ford of Vittorio Brambilla and the McLaren-Ford of Jochen Mass.

Gran Premio Lotteria di Monza di F. 3 del 1977. La "madrina", Gina Lollobrigida, posa accanto al vincitore Elio De Angelis. Lo sfortunato pilota romano, passato in F.1 nel 1979, morì nel 1986 a Le Castellet al volante dell'avveniristica monoposto Brabham BT55, durante una sessione di prove private. Rispettivamente a destra e a sinistra nella foto si riconoscono Beppe Gabbiani e Piero Necchi.

1977 Formula Three Grand Prix of the Monza Lottery: The "hostess" for the day, Gina Lollobrigida, poses with race winner Elio De Angelis, The hapless Roman driver moved on to Formula One in 1979, but was killed at Le Castellet in 1986, driving the futuristic Brabham BT55 during a private test session. Beppe Gabbiani and Piero Necchi are on the right and left respectively.

Jody Scheckter sulla Tyrrell a sei ruote, l'auto che debuttò nel 1976 con buoni risultati. Quest'insolita soluzione tecnica fu però abbandonata nel 1978.

Jody Scheckter in the six-wheeled Tyrrell, a car that made its debut in 1976 and turned in some good results. This technically unusual car was retired in 1978.

Gran Premio d'Italia 1977. Niki Lauda su Ferrari 312 T2 (n. 11) guida il "gruppo" alla prima variante (che aveva sostituito la chicane del 1972). Il pilota austriaco giunse secondo dietro alla Lotus 78 di Mario Andretti.

1977 Grand Prix of Italy: Niki Lauda in a Ferrari 312 T2 (11) leads a group through the first variant, which took the place of the first chicane in 1972. The Austrian came second, behind Mario Andretti's Lotus 78.

Alla "1000 Chilometri", la più importante gara automobilistica dopo il Gran Premio d'Italia, primeggiarono le Ferrari 312 P negli anni 1972 (Ragazzoni-Ickx), e 1973 (Ickx-Redman), prima del definitivo ritiro della Casa di Maranello dal Campionato mondiale Sport-Prototipi. Nel 1974 e nel 1975 la vittoria andò all'Alfa Romeo 33TT12, prima con Andretti-Merzario, poi con Merzario-Laffitte. Nel 1976 vinse la Porsche di Mass-Ickx e, nel 1977, ancora l'Alfa Romeo con Vittorio Bram-

went to a Ferrari 312P, driven by Clay Regazzoni-Jacky Ickx and to the same car in 1973 with Ickx-Brian Redman at the wheel, before Maranello's definitive retirement of the World Sports Car and Prototype Championship. Alfa Romeo 33TT12s won in 1974 and 1975, the first year driven by Mario Andretti-Arturo Merzario and the second by Merzario-Jacques Laffite. The Jochen Mass-Jacky Ickx Porsche won in 1976, but it was Alfa Romeo again the following year, driven by Vittorio

Mario Andretti, vincitore del Gran Premio d'Italia del 1977. Il pilota italo-americano divenne Campione del mondo l'anno successivo sempre alla guida della Lotus 79.

Mario Andretti, winner of the 1977 Grand Prix of Italy. The Italo-American was to win the Formula One World Championship in a Lotus 79 a year later.

Come sempre immancabili ai box, belle ragazze segnalano a James Hunt, dal muretto box, il suo vantaggio sugli avversari.

Pretty girls are almost a tradition in the pits. Here, a group of them at the pit wall signal James Hunt's advantage over his rivals.

Nel 1966 si inaugurò il Festival dell'Autodromo, grande esposizione di auto e moto sportive che si svolse, nella settimana del Gran Premio d'Italia, sino al 1996.

The Festival of the Autodrome was first held in 1966 and was a large exhibition of sporting cars and motorcycles. It took place during each Grand Prix of Italy week until 1996.

billa, in un'edizione ridotta a una distanza di soli 493 chilometri. Nel 1978 la "1000" divenne prova valida per il solo Campionato europeo e, nel 1979, fu ancora declassata a semplice prova internazionale di velocità (in quei due anni era stato soppresso il Mondiale Marche, istituito di nuovo nel 1980, con la 1000 Chilometri che tornò a farne nuovamente parte).

Una gara importante in quegli anni fu il Gran Premio della Lotteria, che si disputò sino al 1973 con la F.2 (con piloti come Graham Hill e Peter Gethin) e, dal 1975, con la Formula 3, macchine sulle quali correvano giovani che sarebbero poi giunti in Formula 1, come Riccardo Patrese, Elio De Angelis, Gerhard Berger, Piercarlo Ghinzani, Luca Badoer, Gianni Morbidelli .

Anche alla "4 Ore di Monza", prova che era divenuta valida per il Campionato europeo turismo speciale, presero parte piloti che sarebbero diventati grandi campioni, come Niki Lauda, vincitore nel 1973 su BMW.

Nel frattempo riscuoteva sempre più successo il Trofeo Cadetti con la Formula addestrativa Monza, che si correva di sera sulla pista junior illuminata, sulla quale si fecero le ossa, tra gli altri, Lella Lombardi, Piercarlo Ghinzani e Michele Alboreto.

Nel 1978 ebbe inizio una manifestazione del tutto originale, il Rally dell'Autodromo, che richiamava i migliori piloti al mondo di quella specialità.

Brambilla in a shorter race of only 493 kilometres. In 1978, the "1,000" became a round in the European championship, but a year later it was declassified and became a simple international event: in those two years the World Constructors' Championship was discontinued and then brought back again in 1980, with the 1,000 Kilometres of Monza once more a counter towards the title.

An important race of the period was the Grand Prix of the Lottery, which was held until 1973 as an F2 event, in which drivers like Graham Hill and Peter Gethin competed. From 1975, the race was for F3 cars, which were driven by youngsters hoping to break into Formula One: they included Riccardo Patrese, Elio De Angelis, Gerhard Berger, Piercarlo Ghinzani, Luca Badoer and Gianni Morbidelli.

The 4 Hours of Monza, which became a round in the European Special Touring Car Championship, also hosted drivers who would become great champions, not least Niki Lauda, who won the 1973 race in a BMW.

Meanwhile, the Trofeo Cadetti became increasingly successful under the Monza training formula and was run in the evening on the illuminated junior track, where drivers like Lella Lombardi, Piercarlo Ghinzani and Michele Alboreto cut their teeth.

A completely new and original competition first saw the light of day in 1978: it was the Rally of the

Nel 1977 la Renault entrò nel mondo della F.1 con un motore sovralimentato di 1.500 cc. Proprio il motore turbo, nel decennio successivo, fu progressivamente adottato a scapito dei propulsori aspirati di 3 litri da tutte le squadre.
I motori turbo, che nel corso degli anni Ottanta, raggiunsero potenze massime addirittura di 1.000 CV in configurazione da qualifica e 900 CV in gara, uscirono di scena nel 1989, quando si tornò agli aspirati di 3,5 litri.

Renault joined the world of Formula One in 1977, its car powered by a turbocharged 1,500 cc engine. In the decade that followed, the turbo was adopted progressively by all teams, who dispensed with the aspirated, three-litre units. In the Eighties, turbocharged engines were able to put out no less than 1,000 hp in qualifying configuration and 900 hp when racing. They gave way to aspirated 3.5 litre power plants in 1989.

A seguito di una carambola avvenuta alla partenza del Gran Premio d'Italia del 1978, la Lotus 79 di Ronnie Peterson prese fuoco. Il pilota svedese, gravemente ferito alle gambe, si spense il giorno successivo all'ospedale. In un primo tempo si temette anche per la sorte di Vittorio Brambilla, anch'egli rimasto ferito, che tuttavia se la cavò dopo alcuni mesi di degenza.

Ronnie Peterson's Lotus 72 was involved in an accident and burst into flames just after the cars had been flagged away for the 1978 Grand Prix of Italy. The Swedish driver was rushed to hospital with serious leg injuries and died the following day. There were also fears for the life of Vittorio Brambilla, who was injured in the same accident, but he recovered after a number of months' convalescence.

Nel 1978 si svolse la prima edizione del Rally dell'Autodromo, alla quale presero parte numerosi campioni della categoria. Ancora oggi rappresenta uno degli appuntamenti più importanti dell'autodromo.

The first Rally of the Autodrome took place at Monza in 1978 and attracted entries from many of the day's top drivers. The rally is still one of the circuit's top events.

Jody Scheckter al volante della Ferrari 312 T4 con la quale si aggiudicò il Gran Premio d'Italia del 1979, davanti all'altro "ferrarista" Gilles Villeneuve. Per la Casa del Cavallino fu quella una stagione trionfale, con il pilota sudafricano primo nel Mondiale piloti e la Ferrari prima fra i Costruttori.

Jody Scheckter at the wheel of the Ferrari 312 T4 in which he won the 1979 Grand Prix of Italy, ahead of fellow Ferrarista Gilles Villeneuve. The season was a triumphant one for the Prancing Horse, with the South African winning the drivers' world title and Maranello topping the constructors' points table.

Bruno Giacomelli nell'abitacolo dell'Alfa Romeo 179, con la quale la Casa del Portello tornò in Formula 1 nel 1979 dopo una lunga assenza che durava dal 1951. L'Alfa Romeo rimase nella massima formula sino al 1985.

Bruno Giacomelli in the cockpit of the Alfa Romeo 179, with which Portello made its return to Formula One in 1979 after a long absence that began in 1951. Alfa competed for the sport's top formula until 1985.

Jody Scheckter e Gilles Villeneuve. Il pilota canadese corse con la Ferrari sino al 1982, quando perse la vita durante le prove del Gran Premio del Belgio a Zolder.

Jody Scheckter and Gilles Villeneuve. The Canadian drove for Ferrari until 1982, when he lost his life in an accident during practice for the Grand Prix of Belgium at Zolder.

Il primo paddock dietro ai box fu realizzato nel 1979. Aveva un'estensione di 9 mila metri che, negli anni Ottanta, divennero 20 mila.

The first paddock was built behind the Monza pits in 1979. It covered 9,000 metres and was extended to 20,000 in the Eighties.

All'inizio, e per molti anni, il Rally si svolse in particolare sulle strade sterrate intorno alla pista. All'autodromo brianzolo si disputarono anche gare di regolarità, di dragsters, gimkane; fu inoltre utilizzato da numerose scuole di pilotaggio, ma fu anche teatro di manifestazioni a carattere non motoristico, quali gare ciclistiche, podistiche, di "roller-skating", "roller-skying". Al di fuori della pista, l'autodromo ospitò inoltre attività motoristiche come gare di trials e rallies automobilistici, oltre a manifestazioni di vario genere, concernenti il verde, la zoologia, la floricoltura e la gastronomia, gare di pallacanestro, foot-ball americano, pattinaggio artistico, pugilato, judo, tennis da tavolo e ginnastica; competizioni a carattere nazionale e internazionale ebbero luogo sull'apposita pista di automodelli.
Per quanto riguarda la sicurezza, negli anni Ottanta, furono ampliate le banchine esterne della curva Grande sino alla curva della Roggia, così come le banchine in prossimità delle curve di Lesmo, del Vialone, della Parabolica e del raccordo Junior. Tutte le aree di fuga furono ricoperte di sabbia e dotate di barriere di pneumatici, in sostituzione delle reti frenanti.
Inoltre, il numero dei box fu aumentato da 30 a 46 e, alle loro spalle, venne creato un recinto verifiche e un paddock di oltre 9 mila metri quadrati

Autodrome, in which some of the sport's top drivers entered. To begin with, the rally took place on the unmade tracks inside the confines of the circuit and continued in that way for many years.
The autodrome was also home to endurance events, drag racing and gymkhanas and was used by many racing driver schools, as well as for non-motoring events like cycle, athletic and roller skating races. Outside the track itself, Monza hosted activities like trials and car rallies, plus events of various other kinds, such as gardening, zoological meeting, flower growing, gastronomy, basketball, American football, artistic skating, boxing, judo, table tennis and gymnastics. National and international model car competitions took place on the purpose-built mini-race track.
As far as safety is concerned, in the Eighties the external hard shoulders of the big corner were widened as far as the Roggia, as were those of Lesmo, Vialone, the Parabolica and the junior link. All run-off areas were re-filled with sand and tyre barriers were put up, taking the place of the catch fencing.
In addition, the number of pits was increased from 30 to 46 and behind them was created a security control fence and a paddock of over 9,000 square metres, which was progressively expanded until it measured 20,000 square metres by the end of the

Sempre nel 1979 la pit-lane fu ampliata a tre corsie e per i segnalatori fu costruito un secondo muretto.

The pit road was also widened into three lanes in 1979 and a second low wall was built for team signallers.

Romolo Tavoni, a sinistra, con Romeo Maestri, vincitore del Trofeo Cadetti 1979.

Romolo Tavoni, left, with Romeo Maestri, winner of the 1979 Trofeo Cadetti.

Nel 1980, il Gran Premio d'Italia si disputò a Imola. A Monza, in settembre, si corse una gara riservata a monoposto di F. 2, riprese all'uscita della "Ascari".

The 1980 Grand Prix of Italy was held at Imola, so a Formula Two race was run at Monza in September. The picture shows the F3 cars exiting Ascari during the race.

Le corse per il Trofeo Cadetti, disputate con le piccole monoposto Monza, ebbero un notevole successo negli anni Settanta e Ottanta. Videro sempre alla partenza numerosi concorrenti, protagonisti di gare quanto mai combattute, in particolare nelle batterie e finali.

The Trofeo Cadetti races for little Monza single-seaters enjoyed great success in the Seventies and Eighties. There were always many competitors on the starting grid and the race leaders fought hard for success, especially in the heats and finals.

Tra le manifestazioni che negli anni Ottanta precedevano il Gran Premio, figurarono spesso esibizioni di dragster, potentissimi mezzi che raggiungevano in poche centinaia di metri altissime velocità, e si arrestavano grazie all'apertura di un paracadute posteriore.

Dragster runs were often among the events that took place before the Eighties' Grands Prix of Italy. The "cars" accelerated to extremely high speeds in just a few hundred metres and then braked with the help of a parachute.

Alain Prost fu il vincitore su Renault del Gran Premio d'Italia del 1981. Con la McLaren si aggiudicò anche quelli del 1985 e del 1989. Il pilota francese fu Campione del mondo quattro volte: nel 1985, 1986, 1989 e 1993. Nella sua straordinaria carriera ha vinto 51 Gran Premi.

Alain Prost won the 1981 Grand Prix of Italy for Renault and did so again for McLaren in 1985 and 1989. The Frenchman became world champion four times - in 1985, 1986, 1989 and 1993 - and won 51 Grands Prix during his illustrious career.

Le ragazze "Marlboro" sfilano con i cartelli riportanti il nome del pilota abbinato al numero della vettura.

The Marlboro girls on parade, with standards bearing the drivers' names and car numbers.

Il presidente della Repubblica Sandro Pertini assiste in tribuna al Gran Premio d'Italia del 1982.

The President of Italy, Sandro Pertini, watching the 1982 Grand Prix of Italy at Monza from one of the stands.

Spettacolare passaggio sull'autodromo delle Frecce Tricolori. La squadriglia acrobatica dell'aviazione italiana si è esibita molte volte prima del via di un Gran Premio.

The Italian Air Force's Frecce Tricolore aerobatic squadron gave spectacular displays over the Monza autodrome before the start of many races.

che venne poi progressivamente ampliato sino a raggiungere i 20 mila metri quadrati alla fine degli anni Ottanta. Il corridoio box venne ampliato da 9 a 12 metri, suddiviso in 3 corsie.
Le opere per migliorare la sicurezza della pista comportarono l'abbattimento di circa 400 alberi (quasi tutti robinie) ma, nello stesso tempo, furono messi a dimora, da parte dell'autodromo, 1.200 alberi di essenze pregiate in altre zone del parco.
Per migliorare le condizioni del pubblico, vennero realizzate nuove tribune lungo il rettilineo centrale, con una capienza di 9.000 posti, mentre un'altra tribuna da 2.500 posti fu realizzata alla curva Sud.
Le gare disputate a Monza negli anni Ottanta furono sempre numerose. La più importante restò, ovviamente, il Gran Premio d'Italia che, nel 1980, fu però disputato sul circuito di Imola. Fu la quinta e ultima volta su 74 edizioni che, per cause diverse, il Gran Premio d'Italia non si disputò a Monza.
Nel mondo della F.1 si era intanto affermato il

Eighties. The pit lane was also widened from nine to 12 metres and divided into three.
Work to improve track safety meant about 400 acacia trees had to be cut down, but at the same time 1,200 quality trees were planted near the manor house and in other areas of the park.
To improve spectating conditions, new stands were built along the central straight with a capacity of 9,000 seats, while another 2,500 seater went up at the south corner.
Many races took place at Monza in the Eighties, but the most important was still the Grand Prix of Italy, although the 1980 event did take place at Imola. It was the fifth and last time out of 74 Grands Prix of Italy that, for various reasons, the race was not run at Monza.
The turbo had come to the world of Formula One by 1977, having been introduced by Renault. As early as 1979/1980, the 1,500 cc turbocharged engine was developing 600 hp compared to the 540 hp of a normally aspirated 3,000 cc unit. In 1988,

Kenny Roberts su Yamaha, vincitore nella classe 500 al Gran Premio delle Nazioni del 1981. Il pilota americano si aggiudicò il titolo nella 500 per tre anni consecutivi, dal 1978 al 1980 (fu il primo centauro statunitense a vincere un mondiale).

Kenny Roberts, who won the 500 cc class of the 1981 Grand Prix of Nations on a Yamaha. The American became the 500 world champion in three consecutive years from 1978-1980 and was the first U.S. rider to win a title.

Il via per il giro di ricognizione della 1000 Chilometri del 1982. In primo piano, a destra, la Lancia LC1 di Patrese-Alboreto; a sinistra, la Rondeau della coppia Pescarolo-Francia, che vinse la corsa.

Cars on the warm up lap of the 1982 1,000 Kilometres of Monza. In the foreground on the right is the Lancia LC1 driven by Riccardo Patrese-Michele Alboreto and on the left the is the winning Rondeau M382C-Ford of Henri Pescarolo-Giorgio Francia-Jean Rondeau.

Gran Premio d'Italia 1982. Un gruppo di monoposto, guidate dalla Ferrari 126C2 Turbo di Mario Andretti, riprese all'uscita della curva di Lesmo. La tribuna fu abbattuta nel 1995 in seguito alle modifiche apportate alla curva stessa.

1982 Grand Prix of Italy: a cluster of cars headed by Mario Andretti's works Ferrari 126 C Turbo, pictured coming out of Lesmo. The stand was knocked down in 1995 to make way for modifications to the corner.

turbo, introdotto dalla Renault nel 1977.Già negli anni 1979 e 1980, il motore di 1500 cc turbo compressore sviluppava 600 CV, contro i 540 CV del motore da 3000 cc aspirato. Nel 1988, ultimo anno del turbocompressore, il motore Ferrari sviluppava 800 CV. Nel 1989 si tornò al motore aspirato di 3500 cc sino al 1994 e di 3000 cc dal 1995, formula tuttora in vigore, con qualche variazione solo per quanto riguarda il peso.
Negli anni Ottanta, così come nel decennio successivo, la scena del mondiale di Formula 1 fu dominata da McLaren e Williams, con due affermazioni della Brabham nel 1980 e nel 1983.
Il titolo di Campione del mondo Piloti fu vinto tre volte da Nelson Piquet (1981 su Brabham-Ford, 1983 su sempre su Brabham - motorizzata BMW - e 1987 su Williams-Honda), tre volte da Alain Prost (1985, 1986 su McLaren-Porsche e 1989 su McLaren-Honda), una volta da Alan Jones (1980 su Williams-Ford), da Keke Rosberg (1982 su Williams-Ford), Niki Lauda (1984 su McLaren-Porsche), Ayrton Senna (1988 su McLaren-Honda).
Per quanto riguarda il Mondiale Costruttori, quattro titoli furono assegnati alla McLaren, tre alla Williams, due alla Ferrari e uno alla Brabham. La Casa di Maranello si aggiudicò quel Trofeo nel 1982 e nel 1983. I piloti del Cavallino di quel decennio furono Jody Scheckter, Gilles Villeneu-

the last year of the turbo, Ferrari engines were putting out 800 hp, but in 1989 the sport went back to 3,500 cc aspirated units and stayed with them until 1994. In 1995, the regulations changed to 3,000 cc, the formula that is still in force today, with one or two variations concerning weight.
In the Eighties, as in much of the decade that followed, the world Formula One scene was dominated by McLaren and Williams, except for two title wins by Brabham in 1980 and 1983.
The drivers' championship went to Nelson Piquet in a Brabham-Ford in 1981, a Brabham-BMW in 1983 and a Williams-Honda in 1987. The title was also won three times in that decade by Alain Prost, in 1985 and 1986 driving McLaren-Porsches and 1989 in a McLaren-Honda. Australian Alan Jones became world champion in a Williams-Ford in 1980, as did Keke Rosberg in another Williams-Ford in 1982. Niki Lauda won it in 1984 at the wheel of a McLaren-Porsche and Ayrton Senna did so in a McLaren-Honda in 1988.
Four constructors' world championships were won by McLaren and three by Williams in the period, two by Ferrari and one by Brabham. Maranello took the trophy in 1982 and 1983. Its drivers during that decade were Jody Scheckter, Gilles Villeneuve, Mario Andretti, Didier Pironi, Patrick Tambay, René Arnoux, Michele Alboreto, Stefan

Un gruppo di monoposto affrontano la prima variante durante il Gran Premio d'Italia del 1984. Davanti a tutti è la McLaren Tag-Porsche MP4 di Niki Lauda e le due Alfa Euroracing di Riccardo Patrese e Eddie Cheever.

A group of single-seaters affront the first variant during the 1984 Grand Prix of Italy. Ahead of them all is the McLaren-TAG Porsche MP4 of Niki Lauda and the two Alfa Euroracing cars of Riccardo Patrese and Eddie Cheever.

La Ferrari di René Arnoux all'uscita della curva Ascari durante il Gran Premio del 1984.

René Arnoux' Ferrari exiting Ascari during the 1984 Grand Prix of Italy.

Niki Lauda, vincitore del Gran Premio d'Italia del 1984, tra Michele Alboreto, secondo, e Riccardo Patrese, terzo. Da sinistra si riconoscono inoltre il presidente dell'AC Milano Pietro Stucchi Prinetti, il presidente della FIA Jean-Marie Balestre, i tre piloti, il presidente del Consiglio Bettino Craxi, il presidente dell'ACI Rosario Alessi e il presidente della CSAI Fabrizio Serena di Lapigio.

Niki Lauda, winner of the 1984 Grand Prix of Italy in a McLaren MP4/2, between Ferrari's second placed Michele Alboreto and Alfa Romeo's Riccardo Patrese, who came third. Also in the picture from the left are the president of the AC of Milan, Pietro Stucchi Prinetti, the president of FIA Jean-Marie Balestre, the three drivers, Italy's then prime minister Bettino Craxi, president of the ACI Rosario Alessi, and the president of the CSAI, Fabrizio Serena di Lapigio.

Alcune vetture storiche alla Coppa Intereuropa si apprestano a entrare in pista.

Cars taking to the track to compete in the Coppa Intereuropa.

29 giugno 1980, Campionato europeo di Formula 3. Michele Alboreto e Corrado Fabi entrambi su March-Alfa Novamotor. Fu lo stesso Alboreto ad aggiudicarsi il titolo Europeo a fine stagione.

29 June 1980, European Formula 3 Championship: Michele Albereto and Corrado Fabi, both in March-Alfa Novamotors. Alboreto had won the European title by the end of the season.

I grandi capi della "Ferrari-Fiat" al Gran Premio d'Italia del 1985: da sinistra, Piero Ferrari, Giovanni Agnelli, Vittorio Ghidella e Luca di Montezemolo.
Sotto, il brasiliano Nelson Piquet con il calciatore Paolo Rossi.

Top management of Ferrari-Fiat at the 1985 Grand Prix of Italy: from the left, Piero Ferrari, Giovanni Agnelli, Vittorio Ghidella and Luca Cordero di Montezemolo. Below: Brazilian Nelson Piquet with footballer Paolo Rossi.

ve, Mario Andretti, Didier Pironi, Patrick Tambay, René Arnoux, Michele Alboreto, Stefan Johansson, Gerhard Berger, Nigel Mansell. I loro migliori piazzamenti nel mondiale furono due secondi posti: quello conquistato da Didier Pironi nel 1982 e quello ottenuto da Michele Alboreto nel 1985.
Questi equilibri nel mondiale si rifletterono anche nei Gran Premi d'Italia disputati a Monza: in quel decennio la Ferrari ne conquistò uno solo, nel 1988, con Gerhard Berger, davanti al compagno di squadra Michele Alboreto, poche settimane dopo la scomparsa di Enzo Ferrari, una delle figure più imponenti dell'automobilismo sportivo.
In quel decennio, sulla pista di Monza, prevalse in tre occasioni Alain Prost su Renault nel 1981 e su McLaren nel 1985 e nel 1989; tre volte Nelson Piquet, su Brabham nel 1983 e su Williams nel 1986 e nel 1987; una volta René Arnoux su Renault nel 1982; una volta Niki Lauda con la McLaren nel 1984. Il Gran Premio d'Italia disputato a Imola nel 1980 fu vinto da Piquet su Brabham-Ford.

Johansson, Gerhard Berger and Nigel Mansell. Their best placings in the world title points table during the period were two seconds, one by Pironi in 1982 and the other by Alboreto in 1985.
These positions in the championship were also reflected by the Grand Prix of Italy, which was run at Monza: during that decade, Ferrari only won its national GP once, with Gerhard Berger in 1988, ahead of his team mate Michele Alboreto: the 1-2 was scored just a few weeks after the death of Enzo Ferrari, one of the great men of motor racing.
Winners of the Grand Prix of Italy in the Eighties were Alain Prost driving a Renault in 1981 and McLarens in 1985 and 1989; Nelson Piquet in a Brabham in 1983 and Williams in 1986 and 1987; René Arnoux at the wheel of a Renault in 1982; and Niki Lauda for McLaren in 1984. The 1980 Imola race was won by Nelson Piquet in a Brabham-Ford.
Other important motor sport events at the Monza Autodrome were the now classic 1,000 Kilometres Trofeo Caracciolo, which was run over a shorter

L'attimo che precede il via del Gran Premio d'Italia del 1985, vinto da Alain Prost su McLaren-Porsche. Alcune vetture a centro schieramento sono già in posizione per imboccare un possibile varco al centro dello schieramento.

Seconds before the start of the 1985 Grand Prix of Italy, won by Alain Prost driving a McLaren-Porsche. Some of the cars in the centre of the grid have already been positioned to take advantage of any possible opening in the middle of the field.

Nelson Piquet, vincitore di tre Gran Premi d'Italia nel 1983, 1986 e 1987. Il brasiliano è stato inoltre tre volte Campione del mondo: nel 1981 e nel 1983 con la Brabham-BMW e nel 1987 con la Williams-Honda.

Nelson Piquet, winner of the 1983, 1986 and 1987 Grands Prix of Italy. He also won the world drivers' championship in Brabham-BMWs in 1981 and 1983 and in a Williams-Honda in 1987.

Un meccanico lavora sul motore della Williams-Honda di Nelson Piquet.

A mechanic working on Nelson Piquet's Williams-Honda.

Altri importanti eventi automobilistici del periodo all'autodromo di Monza furono, l'ormai classica 1000 Chilometri - Trofeo Caracciolo (disputata su distanze più brevi nel 1985 e nel 1986) valida per il Mondiale Sport, che fece registrare una supremazia delle Porsche dal 1983 al 1986 e della Jaguar nel biennio 1987-1988. Lo stesso anno approdò a Monza il Campionato internazionale di Formula 3000, una vera e propria anticamera della F.1. Un altro appuntamento immancabile fu il Gran Premio della Lotteria di F.3, categoria con numerosi concorrenti, che disputavano diverse gare all'anno. Un'altra manifestazione importante, dal 1982 al 1988, fu la 500 Chilometri di Monza, prova valida per il Campionato europeo turismo speciale e turismo (negli ultimi due anni valida anche per il Mondiale). Nei calendari annuali dell'autodromo figuravano inoltre la Coppa Intereuropa, che nel 1982 divenne gara per autostoriche (così come ancora oggi), il Trofeo Cadetti Agip, articolato in dieci gare con vetture di Formula Panda (il cui motore aveva sostituito quello della "500" della Formula Monza); altre gare per i campionati nazionali di turismo e gran turismo, numerose gare con vetture monomarca (campionati Alfa Romeo, Peugeot, Renault), prove per i campionati svizzeri e manifestazioni cosiddette minori (di scuderie o club).
Il Rally dell'autodromo aveva intanto raggiunto una grande notorietà. Davanti a un pubblico numeroso, correvano campioni della specialità, come Henri Toivonen, Markku Alen, Federico Ormezzano, Attilio Bettega, Franco Cunico. Le

distance in 1985 and 1986 and was a round in the Sports Car World Championship, which saw the supremacy of Porsche from 1983 to 1986 and Jaguar in 1987 and 1988. That same year, Monza staged the International Formula 3,000 Championship, a real stepping-stone to Formula One. Another regular event was the F3 Lottery Grand Prix, which attracted many entrants who competed in different races during the year. Another important event was the 500 Kilometres of Monza, which took place from 1982 to 1988 and was a round in the European Touring Car Championship for specials and saloons: in its last two years, the race was also a counter in the world championship. The Intereuropa Cup was a fixture in the autodrome's annual programme: it was turned into an event for vintage cars in 1982 and has remained so ever since. Then there was the Trofeo Cadetti AGIP, a series of 10 races for Formula Panda cars, the engine of which took over from the Formula Monza's 500 cc unit. There were other national championships for touring cars and grand tourers, numerous single marque races for Alfa Romeos, Peugeots and Renaults, rounds in Swiss championships and so-called minor events held by teams or clubs.
In the meantime, the autodrome's rally had become extremely well known. Champions of the sport competed before large crowds; they included Henri Toivonen, Markku Alen, Federico Ormezzano, Attilio Bettega and Franco Cunico, driving Ferraris, Lancias, Porsches, Alfa Romeos and BMWs. Then the Grand Prix of Nations came back to

Gran Premio d'Italia 1986. Alla Parabolica, René Arnoux su Ligier, staccato di un giro, è davanti a Keke Rosberg su McLaren-Porsche e Michele Alboreto su Ferrari F1-86.

1986 Grand Prix of Italy: René Arnoux in a Ligier JS27-Renault at the Parabolica, where he was already a lap down. The Frenchman is ahead of Keke Rosberg's McLaren-Porsche and Michele Alboreto's Ferrari F1-86.

Sullo schieramento di partenza Gran Premio d'Italia 1987 figuravano ben nove piloti italiani.

There were no fewer than nine Italian drivers on the grid for the start of the 1987 Grand Prix of Italy.

Gerhard Berger. Il pilota austriaco nella sua carriera in Formula 1, iniziata nel 1984 e chiusa nel 1997, vinse dieci Gran Premi, di cui sei con la Ferrari.

Gerhard Berger of Austria won 10 Grands Prix, including six with Ferrari, during his Formula One career, which extended from 1984 to 1997.

Alain Prost ai box con il direttore di pista dell'autodromo Giorgio Beghella Bartoli.

Alain Prost in the pits with track director Giorgio Beghella Bartoli.

macchine erano Ferrari, Lancia, Porsche, Alfa Romeo, BMW.

Il Gran Premio delle Nazioni era intanto tornato a Monza. Nelle edizioni del 1981, 1983, 1986 e 1987 furono ancora di scena i bolidi a due ruote del Campionato mondiale motociclistico di velocità che, nelle cilindrate maggiori, vide la conferma delle marche giapponesi (Yamaha e Honda), le cui mezzo litro a quattro cilindri riuscirono a superare i 190 km orari di media nel giro più veloce. Tra i piloti si distinsero quelli della scuola americana Kenny Roberts, Freddie Spencer e Eddie Lawson e l'australiano Wayne Gardner. La bandiera dell'industria europea fu tenuta alta dalle 125 italiane Garelli; durante il Gran Premio del 1986 il vincitore Fausto Gresini raggiunse la media record sul giro di quasi 168 chilometri orari.

In quegli anni, frequenti furono anche le competizioni motociclistiche del Campionato italiano così come i raduni.

Sempre numerose e importanti le manifestazioni di contorno, come le annuali mostra delle macchine sportive e degli accessori, la marcia podistica di Formula 1, in favore della Lega italiana contro i tumori, che richiamava, e continua a richiamare, decine di migliaia di partecipanti, il Festival dell'Unione società sportive monzesi con gare di diverse specialità.

Monza. The 1981, 1983, 1986 and 1987 races were once more the preserve of the motorcycle world championship's powerful two-wheel machines. Those years saw the confirmation of Japan's Yamaha and Honda as manufacturers of some of the most powerful four-cylinder half-litre bikes, which were able to exceed an average speed of 190 km/h on their flying laps at Monza. Among the American riders who distinguished themselves were Kenny Roberts, Freddie Spencer and Eddie Lawson as well as Australia's Wayne Gardner. The European manufacturers' standard was carried into battle by the 125 cc Garellis: during the 1986 Grand Prix: their rider Fausto Gresini set an average speed lap record of 168 km/h.

The circuit hosted many Italian championship motorcycle competitions and meetings in that period.

An increasing number of important ancillary events took place at Monza, including the annual exhibition of sports cars and accessories; the Marcia di Formula One athletics meetings in aid of the Italian Anti-Cancer League, which attracted tens of thousands of visitors and continues to do so right up until the present day; the Festival of the Union, a sporting association in the Monza area, that held races of various disciplines at the autodrome.

La Ferrari 1500 cc turbo di Michele Alboreto al Gran Premio d'Italia del 1988. L'anno successivo entrò in vigore una nuova formula con motori aspirati di 3,5 litri.

Michele Alboreto's Ferrari 1,500 cc turbo at the 1988 Grand Prix of Italy. A new formula for normally aspirated 3.5-litre engines came into effect the following year.

Gerhard Berger e Michele Alboreto, primo e secondo con le Ferrari, sul podio del Gran Premio d'Italia del 1988. A destra il terzo classificato, Eddie Cheever.
Circa un mese prima si era spento, all'età di 90 anni, Enzo Ferrari, uno dei più grandi personaggi mai apparsi sulla scena dell'automobilismo.

Gerhard Berger and Michele Alboreto, who came first and second respectively in their Ferraris, on the podium after the 1988 Grand Prix of Italy. On the right is third placed Eddie Cheever. Enzo Ferrari, who was 90, had did not live to see his cars' triumphant homeland victory: he had died about a month earlier. Ferrari was one of the greatest men in the history of motor racing.

Una folla enorme di spettatori festeggia in pista la doppietta Ferrari.

A huge crowd invaded the track to celebrate Ferrari's doppietta.

1989-2004

L'autodromo cambia volto. I box e i servizi più importanti trovano posto in una moderna, elegante e funzionale costruzione. Anche alcune curve vengono leggermente modificate. Monza continua a essere la pista più veloce del mondo. Dopo un periodo di supremazia di Benetton, Williams e McLaren, esplode il dominio della Ferrari, che vince sei titoli del mondiale costruttori di fila, e il suo alfiere, Michael Schumacher, cinque titoli mondiali piloti consecutivi, oltre a due già vinti prima.
Il periodo inizia con Alain Prost e Ayrton Senna ancora alla ribalta, poi, insieme a Michael Schumacher, si distinguono Nigel Mansell, Riccardo Patrese, i due figli d'arte, Damon Hill e Jacques Villeneuve, oltre a Mika Hakkinen, David Coulthard, Rubens Barrichello, Juan Pablo Montoya, Kimi Raikkonen.
A Monza, intanto, ogni anno sono di scena le Superbike, le turismo, le auto storiche, le formula 3 e le piccole monoposto del Trofeo Cadetti. Si disputa, sempre con successo, il Rally.

The autodrome changes face. The pits and the most important services found place in a modern, elegant and functional construction.
Also, some curves were slightly modified. Monza continued to be the fastest track in the world. After a period of supremacy of Benetton, Williams and McLaren, the domination of Ferrari exploded, which won six world constructors' titles in succession, and its standard bearer, Michael Schumacher, five consecutive world drivers' titles, beyond the two won before.
The period began with Alain Prost and Ayrton Senna still in the limelight together with Michael Schumacher, Nigel Mansell, Riccardo Patrese and two sons following in their fathers' footsteps, Damon Hill and Jacques Villeneuve, distinguishing themselves, as did Mika Hakkinen, David Coulthard, Rubens Barrichello, Juan Pablo Montoya and Kimi Raikkonen.
At Monza, meanwhile, every year Superbike, the Turismo, the vintage cars, the formula 3 and the little single-seaters of the Trofeo Cadetti are on the scene. The Rally is always disputed with success.

Partenza del Gran Premio d'Italia 2004, in un autodromo completamente rinnovato. Scatta in testa Rubens Barrichello (Ferrari F2003-GA), con a fianco Juan Pablo Montoya (Williams-BMW). Dietro, Michael Schumacher, sull'altra Ferrari e Fernando Alonso su Renault. Barrichello, vincitore della corsa, stabilisce anche il nuovo record sul giro in 1'21"046 alla media di 257,320 km/h.

The start of the 2004 Grand Prix of Italy, in a completely renewed autodrome. Rubens Barrichello (Ferrari F2003-GA) took the lead, with Juan Pablo Montoya (Williams-BMW) at his side. Behind, Michael Schumacher in the other Ferrari and Fernando Alonso in a Renault. Barrichello, winner of the race, also established a new lap record of 1'21"046, an average of 257.320 km/h.

vodafone
vodafone
vodafone
vodafone
vodafone
vodafone
vodafone

Nel 1989, vietati i motori turbo, tornarono gli aspirati di 3.500 cc, con un frazionamento massimo di 12 cilindri. Sopra, la Ferrai F1 89 V12 progettata da John Barnard e accreditata di circa 650 CV.

In 1989, turbo engines prohibited, the aspirated units of 3,500 cc returned, with a maximum division of 12 cylinders. Above, the Ferrari F1 89 V12 designed by John Barnard and accredited with about 650 hp.

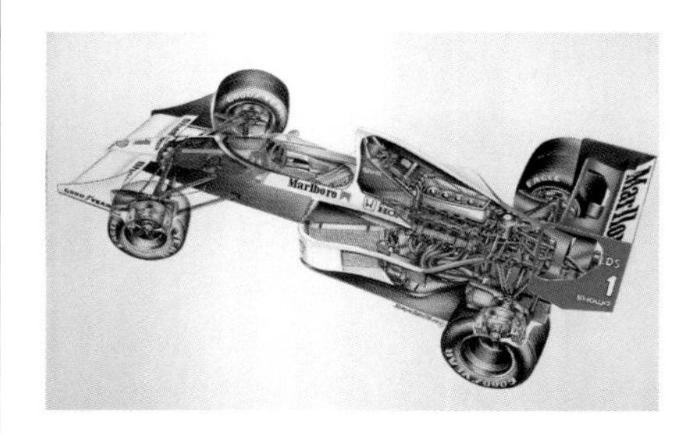

La McLaren-Honda di Ayrton Senna e Alain Prost del 1989 montava invece un V10 Honda che disponeva di circa 660 CV: il più potente tra tutti quelli presenti in gara.

The McLaren-Honda of Ayrton Senna and Alan Prost of 1989 fitted instead a V10 Honda, which had about 660 hp: the most powerful among all those present in the race.

La Benetton B 189 disponeva ancora del "vecchio" 8 cilindri Ford, che attraverso varie evoluzioni era giunto quell'anno a sfiorare i 620 CV.

The Benetton B 189 still had the "old" 8 cylinder Ford, which through various evolutions reached that year close to 620 hp.

Nel 1989, dopo una lunga trattativa con i Comuni di Monza e di Milano (proprietari del Parco) e con la Regione Lombardia per ottenere le necessarie autorizzazioni, si iniziarono i lavori che condussero a una radicale trasformazione di alcune fondamentali strutture. Soprattutto i box e la sala stampa, il cui rinnovo era da tempo richiesto sia dalla FISA sia dalla FOCA che, alla realizzazione di tali strutture, avevano condizionato lo svolgimento del Gran Premio d'Italia all'autodromo di Monza. La zona box fu completamente rifatta, con una costruzione moderna, elegante e soprattutto in grado di far fronte, con spazi adeguati e tecnologie avanzate, alle esigenze della Formula 1 moderna.

Il complesso box realizzato tra il 1989 e 1990 occupava all'incirca il fronte impegnato dai box precedenti, cioè 196 metri su due piani. Al piano terra vi erano 48 box per 16 team di Formula 1 (tre per ciascuno, divisi da pareti mobili); al primo piano, la sala stampa che consentiva di ospitare 370 giornalisti, una sala fotografi, locali

After extensive negotiations with the Monza and Milan city councils, owners of Monza Park, and the Lombardy regional authorities to obtain the necessary authorisation, work began in 1989 that resulted in a radical transformation of a number of fundamental facilities at the circuit. The most important modifications of all were made to the pits and press room: their renewal had been requested by both FISA and FOCA for some time and the construction work was a condition of running the Grand Prix of Italy at Monza. The pit area was completely rebuilt, resulting in a new, modern and elegant facility, able to accommodate the needs of the day's Formula One with adequate space and advanced technology.

The reconstruction of the pit complex between 1989 and 1990 concerned the front of the previous structures covering a length of 196 metres and was carried out on two floors. On the ground floor, 48 pits were built for 16 F1 teams – three for each squad, divided by mobile walls - and on the first floor was a press room that could accommodate

L'interno del box Benetton durante il Gran Premio d'Italia del 1989. I meccanici mettono a punto le monoposto di Alessandro Nannini e Emanuele Pirro prima della gara. Partiti entrambi da una discreta posizione (quarta e quinta fila rispettivamente), furono entrambi costetti al ritiro.

Inside the Benetton pit garage during the Grand Prix of Italy of 1989. The mechanics working on the cars of Alessandro Nannini and Emanuele Pirro before the race. After starting from a reasonable position (fourth and fifth rows respectively), they were both forced to retire.

Ayrton Senna al Gran Premio d'Italia del 1989 posa accanto al motore Honda della sua McLaren. Con la vittoria ottenuta due settimane prima in Belgio, il propulsore giapponese raggiunse l'invidiabile traguardo di 50 successi su 133 gare disputate, come indica il cartello parzialmente coperto. Il compianto Campione brasiliano vinse due volte a Monza, nel '90 e nel '92, sempre con la McLaren. Perì il 1° maggio del '94 durante il Gran Premio di San Marino a Imola.

Ayrton Senna posing at the Grand Prix of Italy 1989 behind the Honda engine of his McLaren, which, with a victory obtained two weeks earlier in Belgium, reached the enviable achievement of 50 successes in 133 races disputed, as indicates the partially covered sign. The late Brazilian champion won twice at Monza, in '90 and in '92, always with the McLaren. He perished on the 1st May of '94 during the Grand Prix of San Marino at Imola.

Un gruppo di giornalisti all'interno della sala stampa degli anni Ottanta, durante un Rally dell'Autodromo, in attesa di conoscere i risultati.

A group of journalists in the press room of the Eighties during the Rally of the Autodrome, waiting to know the results.

Sulla linea di partenza del Gran Premio d'Italia del 1990, sono schierate in pole position la McLaren-Honda di Ayrton Senna, poi vincitore della corsa, e la Ferrari di Alain Prost, giunto secondo. Sullo sfondo, lo slanciato e moderno complesso del nuovo edificio box appena costruito.

On the start line of the Grand Prix of 1990, in pole position the McLaren-Honda of Ayrton Senna, afterwards winner of the race, and the Ferrari of Alain Prost, who came second. In the background, the slender and modern complex of the new pit building just constructed.

Durante i gran premi il paddock si trasforma in un animato villaggio dove, tra i grandi camion "tecnici" e le aree di ospitalità delle scuderie si incontrano "addetti ai lavori" e Vip.

During grands prix, the paddock transformed itself into an animated village where, between the large "technical" trucks and the areas of hospitality of the teams one meets "workers" and VIPs.

La Jaguar XJR 11di Brundle-Fertè al comando di un gruppo alla prima variante della "1000 KM" del 1990, che fu disputata sulla distanza sprint di 481,4 km e fu vinta dalla coppia Schlesser-Baldi su Sauber-Mercedes C 11.

The Jaguar XJR 11 of Brundle-Fertè leading a group at the first variant of the "1000 KM" of 1990, which was disputed over a sprint distance of 481.4 km and was won by the couple Schlesser-Baldi in a Sauber-Mercedes C 11.

Riccardo Patrese scende dalla sua Williams Renault durante le prove del Gran Premio d'Italia del 1990 in cui si classificò quinto. Il pilota padovano ebbe una lunga carriera in F1. Corse per diciassette stagioni, dal 1977 al 1993, disputando 256 Gran Premi e vincendone 6.

Riccardo Patrese gets out of his Williams Renault during practice of the Grand Prix of Italy of 1990 in which he classified fifth. The Padua driver had a long career in F1. He raced for seventeen seasons, from 1977 to 1993, disputing 256 Grands Prix and winning 6.

Campioni del Mondo a 2 e 4 ruote. Il giorno precedente al Gran Premio d'Italia 1991, il ciclista monzese Gianni Bugno, appena laureatosi campione nel 1991, dona ad Ayrton Senna, anch'egli Campione del Mondo in carica di F1, la sua bicicletta.

World champions on 2 and 4 wheels. The Monza cyclist Gianni Bugno, who had just become world champion 1991, gives his bicycle to Ayrton Senna, reigning world champion of F1, the day before the Grand Prix of that year.

Impegnatissime sui cordoli, le Peugeot 309 dell'omonimo campionato edizione 1990. Diversi modelli di varie Case sono scesi in pista a Monza nel corso degli anni, dando vita a combattuti campionati monomarca.

Heavily committed on the kerbs, the Peugeot 309s of that championship edition 1990. Diverse models of various manufacturers took to the Monza track during the course of the years to give life to hard-fought single marque championships.

di servizi e salette di rappresentanza e ospitalità; sul tetto del fabbricato sono state previste altre aree di ospitalità.
Inoltre, sopra la tribuna centrale, dove dal dopoguerra aveva trovato luogo la tribuna stampa, sono state realizzate 36 cabine insonorizzate per telecronisti e radiocronisti (con la possibilità di aggiungerne altre nove su struttura provvisoria in occasione delle grandi manifestazioni). È stato poi ampliato il centro medico per accogliere tre sale mediche e due di rianimazione, così come è stata ristrutturata e insonorizzata la vecchia direzione gara, in corrispondenza della linea di partenza.
Nell'ambito dei lavori di rinnovamento sono stati realizzati anche nuovi uffici di direzione dell'autodromo (nei due fabbricati, opportunamente ristrut-

370 journalists, a photographers' room, bathrooms, toilets and hospitality suits. The roof was set aside as another hospitality area.
In addition, 36 soundproof cabins were built above the central stand, where the old press room had been located after the Second World War; these were for television and radio commentators, for whom another nine temporary cabins could be provided when major events took place. The medical centre was expanded to create three surgeries and two intensive care units and the old race management rooms in front of the start/finish line were also restructured and soundproofed.
At the same time, two restructured buildings previously used as a press room were allocated as circuit administration offices.

Jean Alesi "in sabbia" alla prima variante con la sua Ferrari poco dopo la partenza del Gran Premio del '91.
Il pilota francese, attivo in F1 dal 1989 al 2001, corse con le monoposto del Cavallino per 6 stagioni, dal '91 al '95. Con la Ferrari ottenne un'unica vittoria al Gran Premio del Canada del '95.

Jean Alesi "in sand" at the first variant with his Ferrari during the Grand Prix of '91. The French driver, active in F1 from 1989 to 2001, raced with cars of the Prancing Horse for 6 seasons, from '91 to '95. With Ferrari, he obtained his only victory in the Grand Prix of Canada in '95.

turati, e precedentemente adibiti a sala stampa).
Tra i nuovi impianti tecnologici, va menzionato anche il sistema integrato per la rilevazione, l'elaborazione e la trasmissione di dati, utilizzato anche per il controllo a distanza dell'impianto televisivo, che permette di avere istantaneamente tutte le informazioni relative alle vetture in corsa, le varie posizioni, le velocità massime di ogni auto, l'analisi dei tempi giro per giro e per ogni sezione del circuito.
Nel biennio 1994-1995, su richiesta della FIA, sono state apportate modifiche alla pista per aumentarne la sicurezza, intervenendo sulle curve e sui relativi spazi di fuga. La seconda curva di Lesmo è stata ridisegnata con una configurazione quasi "a gomito" dal raggio più stretto (36 metri) di quello precedente. In questo modo la velocità di percorrenza della curva è stata sensibilmente ridotta.

Among the advanced new technological equipment installed at the autodrome was an integrated system for recording, elaborating and transmitting data. The complex also used remote controlled television to instantly produce all the required information concerning the cars on the track: that included each competitor's position, maximum speed, analysis of his/her times lap by lap and for each section of the circuit.
At the request of the Federation Internationale d'Automobile, in 1994-1995 further modifications were made to the track to improve safety, with much of the work focused on the corners and their relative escape areas. The second Lesmo bend was redesigned into almost an elbow shape to produce a tighter, 36-metre radius section compared to its previous layout. That substantially reduced the speed at which the corner could be taken.

La curva Grande è stata spostata verso l'interno di una decina di metri e ciò ha comportato la riduzione dei suoi due raggi, passati da 325 e 450 metri, rispettivamente a 290 e 395 metri. Ciò al fine di guadagnare spazio all'esterno, spazio che ora ha raggiunto la considerevole profondità, nel punto più critico, di 118 metri, tra pista e guard-rail. In precedenza questo spazio era di circa 50 metri. La variante della Roggia non ha subito modifiche al proprio disegno e al raggio delle curve, ma è stata anticipata di circa 50 metri, in modo da posizionarla in un punto con margini laterali più ampi. L'intero tratto delle due curve di Lesmo, dall'ingresso della prima all'uscita della seconda (rettilineo di raccordo compreso, è stato anch'esso arretrato verso l'interno pista di una quindicina di metri per incrementare lo spazio di fuga, passato mediamente a 60 metri in luogo dei circa 20 della vecchia configurazione. La prima curva è stata anch'essa ristretta. Il suo raggio è passato da 98 a 75 metri, mentre la seconda, con un raggio portato a 35 metri, è rimasta pressochè identica a quella disegnata l'anno prima. Dopo tali interventi, lo sviluppo totale del circuito è diminuito di 30 metri: da 5.800 a 5.770 metri.
Sempre per quanto riguarda la pista, nel 2000 sono state modificate la Prima variante e la variante della Roggia, come richiesto dalla FIA per ragioni di sicurezza. In particolare, la Prima variante, che era costituita da una S (con curve sinistra-destra-sinistra), è stata trasformata in

The big corner was moved inwards by about 10 metres, which reduced the radii of its curves from 325 and 450 to 290 and 395 metres respectively. The purpose was to make more space in the outer area of the corner, which was now at a depth of 118 metres between the track and the guard rail at its most critical point: a space that previously measured about 50 metres. The design and radius of the Roggia remained unchanged, but it started about 50 metres earlier, so as to position it at a point with wider lateral run-off areas. The whole tract of the two Lesmo corners, from the entrance of the first to the exit of the second, including the straight, was also moved further inwards by about 15 metres to increase run-off space, which went from an average of around 20 metres in the old configuration to the new layout's 60. The first corner was also made tighter: its radius went from 98 to 75 metres, while the second with a radius of 35 metres, stayed more or less identical to the one designed a year earlier. After all that work, the total length of the track dropped from 5,800 to 5,770 metres.
More modifications were made to the track in 2000, as requested by FIA for safety reasons: the Prima variant, which had been laid out like an S-bend with left-right-left curves, was turned into a double right-left-right-left series of corners, making it tighter and slower than before. The straight between the entry and exit of the Roggia was lengthened by 10 metres.
Those two initiatives took the length of the combi-

Sopra, Nigel Mansell si avvia a vincere il Gran Premio del '91 con la Williams-Renault. Il simpatico pilota inglese non si sottraeva mai all'affetto dei suoi tifosi. Eccolo (sotto), mentre autografa il cappellino di un piccolo ammiratore. Mansell fu Campione del Mondo nel 1992, con la Williams.

Above, Nigel Mansell on the way to winning the Grand Prix of '91 with the Williams-Renault. The sympathetic English driver never drew back from the affection of his fans. Here he is (below) while he autographs the cap of a little admirer. Mansell was world champion in 1992, always with Williams.

Nei primi anni Novanta furono disputate a Monza alcune edizioni del Gran Premio di "Formula E", riservato alle auto da corsa con motore elettrico. Nell'immagine, alcuni esemplari orientano al sole i loro pannelli per ricaricare le batterie.

In the early years of the Nineties, a number of editions were disputed at Monza of the Grand Prix of "Formula E" reserved for racing cars with electric engines. In the picture, a number of examples, their panels oriented to the sun to recharge their batteries.

una doppia curva destra-sinistra-destra-sinistra, più stretta e più lenta della precedente. Per quanto riguarda la variante della Roggia, il rettilineo tra l'entrata e l'uscita è stato allungato di 10 metri. Questi due interventi hanno portato la lunghezza della pista stradale dai precedenti 5.770 metri agli attuali 5.793 metri.

Tra gli altri lavori compiuti in quel periodo vi è stata, nel 1995, la costruzione di un nuovo centro medico, più ampio, con attrezzature più moderne e dislocato in una posizione più facilmente raggiungibile dai box; accanto ad esso è stato creato un eliporto di soccorso. Nel 1997 i posti a sedere nelle varie tribune sono stati portati da circa 45 mila a quasi 51 mila.

Gli interventi per una maggior sicurezza della pista avevano purtroppo comportato l'abbattimento di 185 alberi. Per ogni albero tagliato (anche malato o di scarso interesse botanico) è stata però prevista la messa a dimora di tre alberi per un totale di 555, tutti di essenze pregiate, in altre zone dell'autodromo.

Negli anni Novanta, il Mondiale di Formula 1 ha continuato a non conoscere rivali per quanto riguarda l'interesse del pubblico. Secondo i dati

nation road course from its previous 5,770 to the current 5,793 metres.

In 1995, work included the construction of a new and larger medical centre, fitted out with the latest equipment and with a heliport next to it. The centre was located in an area that was easier to reach from the pits. By 1997, spectator seating in the various stands had gone from about 45,000 to 51,000 places.

Work carried out to improve track safety had, unfortunately, meant cutting down 185 trees. But for each tree felled, even those that were rotting or of little botanical interest, three new ones were provided, making a total of 555 new trees of superior species being planted in other areas of the autodrome.

During the Nineties, the Formula One World Championship remained of unrivalled public interest. According to data put out by one of the organisations headed by Bernie Ecclestone, news about Grands Prix reached three billion people via television, the radio and newspapers. And in that decade, the supremacy of McLaren and Williams continued: their drivers won almost all the world titles, with the exception of 1994 and 1995, sea-

Senna sventola la bandiera brasiliana mentre sale sul podio del Gran Premio del '92. Dietro di lui i due piloti della Benetton, Martin Brundle e Michael Schumacher, giunti rispettivamente al secondo e terzo posto. Per ultimo, il patron della McLaren, Ron Dennis.

Senna waves the Brazilian flag as he climbs onto the rostrum of the Grand Prix '92. Behind him the two drivers of Benetton, Martin Brundle and Michael Schumacher, arrived respectively in second and third places. Lastly, the patron of McLaren, Ron Dennis.

della società che fa capo a Bernie Ecclestone, le notizie che riguardano un Gran Premio hanno raggiunto tre miliardi di persone, attraverso le TV, le radio, i giornali. In quel decennio è proseguita la supremazia di McLaren e Williams, i cui piloti hanno vinto quasi tutti i titoli mondiali, con la parentesi del 1994 e 1995, stagioni in cui il campione del mondo è stato appannaggio di Michael Schumacher su Benetton. Gli altri campioni del decennio, sono stati: Ayrton Senna nel 1990 e 1991 su McLaren-Honda; Nigel Mansell nel 1992 su Williams-Renault; Alain Prost (per la quarta volta) nel 1993 su Williams-Renault; dopo le due stagioni dominate da Schumacher, il mondiale piloti è stato appannaggio di Damon Hill, figlio di Graham, nel 1996, su Williams-Renault; di Jacques Villeneuve, figlio di Gilles, nel 1997, ancora su Williams-Renault, e di Mika Hakkinen nel 1998 e nel 1999 su McLaren-Mercedes.
La Ferrari, già alla fine di quel decennio, si è però rivelata in netta ripresa, dopo anni di "digiuno". Nel 1997, il suo pilota Michael Schumacher era già stato a un passo dal titolo, perso all'ultima gara dopo una collisione (che gli costò anche l'esclusione dalla classifica mondiale) con Jacques

sons in which the world championship went to Michael Schumacher in Benettons. The other title holders of the decade were Ayrton Senna in 1990 and 1991 aboard McLaren-Hondas, Nigel Mansell in a Williams-Renault in 1992 and Alain Prost for the fourth time in 1993, driving a Williams-Renault. After the two seasons dominated by Schumacher, the 1996 world title passed to Damon Hill, Graham's son, in a Williams-Renault, Jacques Villeneuve, son of Gilles, in a Williams-Renault in 1997 and Mika Hakkinen at the wheel of McLaren-Mercedes in 1998 and 1999.
But Ferrari showed it was firmly back on the road to recovery by the end of the decade, after years in the wilderness. Michael Schumacher, who had switched teams and joined Maranello, was a heartbeat from the title in 1997, when he went off during the last race of the season after colliding with Jacques Villeneuve. The incident also cost the German exclusion from the world title classification, in which his team mate Eddie Irvine took second place. The Canadian went on to win the 1999 driver's championship, but Maranello did secure the constructors' crown.
As always, in the Nineties the strongest teams in

La Coppa Intereuropa per Autostoriche è da lungo tempo un appuntamento fisso della stagione monzese. Qui sono ritratte alcune monoposto di varie epoche durante una gara a loro riservata.

The Coppa Intereuropa for vintage cars has been a fixed appointment for a long time during the Monza season. Here are pictured some single-seaters of various epochs during the race reserved for them.

Anche i "mostruosi"dragster americani hanno calcato l'asfalto monzese in più di un'occasione, esibendosi in spettacolari prove basate su accelerazioni brucianti.

Also the "monstrous" American dragsters have trod the Monza asphalt on more than one occasion, exhibiting themselves in spectacular tests based on burning acceleration.

Gran Premio d'Italia 1993: le monoposto schierate sul rettilineo di partenza poco prima del via.

Grand Prix of Italy 1993: the cars lined up on the straight just before the start.

Sotto, a sinistra, le moto di varie cilindrate derivate dalla produzione di serie sono spesso presenti a Monza per alcune prove del Campionato Italiano Sport Production.

Below, left, the motorcycles of various cubic capacities derived from mass production are often present at Monza for a number of tests of the Campionato Italiano Sport Production.

Al Gran Premio del 1994, subito dopo la partenza, le monoposto in formazione ancora compatta, dopo aver affrontato la Prima Variante, rimasero coinvolte in grossa "carambola" senza gravi conseguenze.

In the Grand Prix of 1994, immediately after the start, the single-seaters still in compact formation, after having affronted the First Variant, became involved in a big "carambola" without grave consequences.

Damon Hill, figlio del celebre Graham, in azione a Monza durante il Gran Premio del 1994 (da lui vinto) con la Williams-Renault. La sua macchina recava curiosamente il numero 0 poiché Alain Prost, vincitore del titolo l'anno prima, sempre con la Williams, si era ritirato restando "titolare" del numero 1. Il pilota inglese aveva vinto il Gran Premio d'Italia anche l'anno prima sempre con la Williams. Fu Campione del Mondo nel 1996.

Damon Hill, son of the celebrated Graham, in action at Monza during the Grand Prix he won in 1994 with the Williams-Renault. His car carried, curiously, number 0, as Alain Prost, winner of the title of the year before always with Williams, retired, remaining "owner" of the number 1. The British driver had also won the Grand Prix of Italy the year before, always with the Williams. He was world champion in 1996.

Le monoposto di Formula 2000 (vetture di F.3. con potenza ridotta), disputarono a Monza alcune prove dei loro campionati e trofei nazionali, a cavallo tra gli anni Ottanta e Novanta.

The single-seaters of Formula 2000 (F3 cars with reduced power) disputed at Monza a number of rounds of their national championships and trophies between the Eighties and Nineties.

Nel Padiglione Festival dell'Autodromo si sono svolte anche importanti aste che hanno avuto per oggetto prestigiose automobili d'epoca.

In the Festival Pavilion of the autodrome, important auctions were also held, which had as its object prestigious vintage cars.

Le biposto Sport Prototipo sono presenti ogni anno a Monza per le prove del Campionato italiano a loro riservato.

The two-seater Sport Prototypes are present at Monza each year for the rounds in the Italian Championship reserved for them.

I commissari di percorso sono una sorta di angeli custodi per i piloti in gara. Dislocati in varie postazioni lungo il percorso, vigilano sulla sicurezza segnalando le emergenze ai concorrenti per mezzo di bandiere e provvedendo a liberare la pista da eventuali macchine in panne.

Track marshals are sort of custodian angels for drivers in a race. Deployed in various positions along the route, they check safety, signalling the emergencies to competitors by means of flags, and freeing the track of cars that may come to a halt.

Un museo con numerose auto da competizione di varie epoche era allestito, fino a qualche anno fa, in un grande padiglione all'interno dell'area dell'autodromo.

A museum with numerous competition cars of various epochs was located until a few years ago in a big pavilion inside the autodrome area.

Villeneuve; nel 1999 la Casa di Maranello tornò a fregiarsi del titolo Costruttori mentre Eddie Irvine si classificò al secondo posto nel Mondiale Piloti.
Come sempre, i più forti nel Mondiale raccolsero negli anni Novanta anche i successi nel Gran Premio d'Italia. Ayrton Senna, su McLaren, si aggiudicò il Gran Premio d'Italia nel 1990 e 1992; Nigel Mansell, su Williams, fu primo nel 1991; Damon Hill, sempre su Williams, nel 1993 e 1994; Johnny Herbert, a sorpresa, vinse su Benetton l'edizione del 1995. Michael Schumacher si è invece assicurato su Ferrari le edizioni 1996 e 1998; David-Coulthard su McLaren è stato primo nel 1997, mentre Heinz-Harald Frentzen, su Jordan si è aggiudicato nel 1999 una storica vittoria per il team inglese.
Nel 1991 Senna conquistò la pole position in 1'21"114, stabilendo il record della pista di 5.800 metri. In quegli anni, le medie dei vincitori del Gran Premio d'Italia oscillarono di appena 4 chilometri circa, tra il minimo di 233,815 km/h del 1995 e il massimo di 238,056 km/h del 1997.
Anche negli anni Novanta, e nei primi del 2000, l'attività a Monza è stata molto intensa. Per quanto riguarda la 1000 Chilometri, il ritardo nella costruzione dei nuovi box, dovuto alle difficoltà per ottenere le autorizzazioni, hanno costretto ad annullare nel 1989 il Trofeo Caracciolo, ripreso poi dal 1990 al 1992 (fino all'abolizione del Mon-

the world championship also won the Grands Prix of Italy. Ayrton Senna took the win in his McLaren in 1990 and 1992, Nigel Mansell came first in a Williams in 1991 as did Damon Hill in 1993 and 1994. Johnny Herbert was a surprise winner for Benetton in 1995. Michael Schumacher in Ferraris made sure of victory in 1996 and 1998, David Coulthard did so in a McLaren in 1997 and Heinz-Harald Frentzen scored a historic win for Jordan in 1999.
Senna took pole position in 1991 with a record time for the 5,800 metre circuit of 1'21"114, meanwhile the average lap speeds of the Grand Prix of Italy's winners in the period swung from a minimum of 233.815 km/h in 1995 to a maximum of 238.056 km/h in 1997.
Monza was extremely busy during the Nineties and the early years of the third millennium. Due to lateness in obtaining authorisation to build the new pits, the 1,000 Kilometres was cancelled in 1989, but the Trofeo Caracciolo came back again in 1990 and 1992 until the abolition of the World Sports Car Championship. The race was run over about half the distance of the 1,000 Kilometre classic. The event took place again in 1997 and 1998, but the car manufacturers lost most of their interest in racing sports cars with two-seats and covered wheels. The "1,000" returned in 2004 as a counter towards a sports and grand touring car

Gran Premio d'Italia 1995: rituale conferenza stampa dei primi tre classificati dopo le prove ufficiali. Al centro David Coulthard che conquistò la pole position con la Williams; a destra, Michael Schumacher (secondo tempo con la Benetton) e, a sinistra, Gerhard Berger (terzo con la Ferrari).

Grand Prix of Italy 1995: ritual press conference of the first three classified after the official qualifying. In the centre, David Coulthard, who conquered the pole position with the Williams; on the right Michael Schumacher (second time with the Benetton) and on the left Gerhard Berger (third with the Ferrari).

Un gruppo di vetture Turismo affronta la Variante Ascari, bagnata dalla pioggia, durante la prova monzese del Campionato Italiano Velocità Turismo del 1996. Questa categoria, che negli anni Ottanta visse un boom di partecipanti, vede impegnati modelli, anche "ufficiali", che derivano dalle berline più sportive delle grandi marche.

A group of Turismo cars affront the Ascari Variant, wet with rain, during the Monza test of the Campionato Italiano Velocità Turismo of 1996. This category, which in the Eighties saw a boom of participants, also sees "official" models involved, which derive from saloons of a more sporting imprint of the big marques.

Le piccole monoposto di Formula Monza, disputano ogni anno a Monza, dal 1965, un vivace campionato riservato a giovani piloti.

The little single-seaters of Formula Monza disputed every year, since 1965, on the Monza track a lively championship for young drivers.

diale sport) e disputato su una distanza all'incirca dimezzata rispetto ai classici 1000 Chilometri. Altre due edizioni hanno avuto luogo nel 1997 e nel 1998. La manifestazione riservata alle vetture sport ha risentito dello scarso interesse delle Case verso le biposto a ruote coperte. La 1000 Chilometri è tornata nel 2004 quale prova di un campionato per vetture sport e gran turismo disputato su alcuni storici circuiti europei.
Dal 1990 è tornata a Monza anche la Formula 3000, assieme al Gran Premio della Lotteria, che negli anni Novanta si è sempre disputato con le monoposto di F.3. Una formula, quest'ultima, che ha subìto la concorrenza delle vetture Nissan e Renault. Sono tornate anche le motociclette con una manifestazione di alto livello, la prova valida per il Mondiale Superbike, riservato alle maximoto derivate dalla serie. Questa prova è divenuta

championship, held on number of historic European circuits.
Formula 3,000 was staged at Monza again from 1990, together with the Lottery Grand Prix, which had featured F3 cars since the Nineties: the latter was a formula that immediately saw rivalry between Nissan and Renault cars. Motorcycles also made their comeback at the autodrome with a high level event, which was a round in the Superbike World Championship for maxi-machines derived from standard motorbikes. It was an event that soon became a well-attended annual fixture in the Monza schedule, with entries from all the sector's top marques, among them Ducati, Kawasaki, Yamaha and Honda.
There were races for touring and super-touring cars, including those in the European and Italian championships, grand tourers for the European

Clay Ragazzoni, pilota della Ferrari e di altre scuderie negli anni Settanta, è un assiduo frequentatore del paddock di Monza.

Clay Regazzoni, driver of Ferrari and of other teams in the Seventies, is an assiduous frequenter of the Monza paddock.

Il Gran Premio di F1 ha sempre rappresentato anche una festa per gli appassionati, con le bancarelle aperte sino a tarda ora.

The Grand Prix of F1 has always represented an occasion of great joy for the passionate. Until late, the stalls stay open to sell their gadgets to the sportsters.

La sala stampa allestita al primo piano del nuovo edificio box costruito nel 1990. Poteva ospitare circa 300 giornalisti e fu utilizzata fino al 2002.

The press room located on the first floor of the pits building constructed in 1990. It could host about 300 journalists and was utilised until 2002.

Con il suo abituale "salto da podio", Schumacher esulta per la vittoria ottenuta al Gran Premio del 1996. La prima di una fortunata serie con la Ferrari.

With his habitual "podium jump", Schumacher exalts for the victory obtained in the Grand Prix of '96. The first of a fortunate series with Ferrari.

un appuntamento annuale molto seguito nel calendario dell'autodromo, con la partecipazione di tutte le grandi marche del settore, dalla Ducati alla Kawasaki, dalla Yamaha alla Honda.
Si sono poi svolte gare con vetture turismo e superturismo, tra cui quelle del Campionato europeo e del Campionato italiano, con vetture gran turismo per il Campionato europeo, con auto storiche per la Coppa Intereuropa. Altre manifestazioni hanno avuto come protagoniste le piccole monoposto del Trofeo Cadetti di Formula Junior Monza, che da molti anni disputano alcune gare valide per il Trofeo A.I.C.A. anche in altri autodromi italiani.
È proseguito inoltre, a fine stagione, l'appuntamento con il Rally dell'autodromo, disputato

title and vintage cars for the Intereuropa Cup. Other events featured the small Formula Junior Monza single-seaters of the Trofeo Cadetti, the cars having competed for many years in races counting towards the Trofeo A.I.C.A at Monza and other circuits.
The end-of-season Rally of the Autodrome was held on all-asphalt stages from 1985, with some of the sport's top drivers taking part: they included Renato Travaglia, Piero Longhi, Andrea Della Villa and Dindo Capello, Formula One stars like Michele Alboreto, Giancarlo Fisichella, Giovanni Lavaggi and motorcycle racing champions Valentino Rossi and Loris Capirossi. Of the minor categories, the Formula Alfa Boxer and Formula 2000 series came to an end in 1995, but Renault,

Gran Premio d'Italia 1997: le monoposto iniziano il giro di ricognizione. Sulla destra, Jean Alesi, partito dalla pole position, con la Benetton-Renault; al centro Heinz-Harald Frentzen con la Williams Renault; a sinistra, Giancarlo Fisichella con la Jordan-Peugeot.

Grand Prix of Italy 1997: the cars begin the warm-up lap. On the right, Jean Alesi started in pole position with the Benetton-Renault; in the centre Heinz-Harald Frentzen with the Williams-Renault; on the left Giancarlo Fisichella with the Jordan-Peugeot.

I freddi occhi di David Coulthard, vincitore del Gran Premio del '97 con la McLaren-Mercedes.

The cold eyes of David Coulthard, winner of the Grand Prix of '97 with the McLaren-Mercedes.

Team manager a colloquio. Flavio Briatore (Benetton), a sinistra, e Jean Todt (Ferrari), durante il Gran Premio d'Italia del 1997.

Team managers in conversation. Flavio Briatore of Benetton (left) and Jean Todt of Ferrari during the Grand Prix of Italy of 1997.

Mika Hakkinen in conferenza stampa dopo le prove del Gran Premio del 1998. In gara, con la sua McLaren-Mercedes, giunse quarto, ma a fine anno conquistò il titolo mondiale, ripetendo il successo anche l'anno dopo.

Mika Hakkinen in press conference after qualifying for the Grand Prix of 1998. In the race, with his McLaren-Mercedes, he came fourth, but at the end of the year he conquered the world title, repeating it also the following year.

Gran Premio d'Italia 1998: un gruppo di monoposto all'interno della variante dopo la partenza che, prima dell'ultima modifica, aveva un disegno a "doppia S" con curve "morbide" sinistra-destra-sinistra-destra.

Grand Prix of Italy 1998: a group on the inside of the First Variant which, before the last modification, had a design of a "double S" with "soft" curves left-right-left-right.

Al Gran Premio del '98 la Ferrari festeggiò i 600 Gran Premi disputati in F.1. dal 1950, anno d'istituzione del mondiale: un record. Per l'occasione furono portate in pista monoposto del Cavallino di varie epoche, guidate da alcuni grandi campioni che corsero con le "rosse", come John Surtees, sulla destra, in tuta bianca. Alla sua destra, con le tute rosse, Gerhard Berger, Michele Alboreto, Luca Badoer e René Arnoux.

At the Grand Prix of '98 Ferrari celebrated the 600th Grand Prix disputed since 1950, year of the institution of the F1 world championship. A record. For the occasion, single-seaters of the Prancing Horse of various epochs were taken to the track, driven by some great champions who raced with the "Rosse", like John Surtees, on the right in white overalls. On his right with the red overalls, Gerhard Berger, Michele Alboreto, Luca Badoer and René Arnoux.

interamente su asfalto dal 1985, che ha visto la partecipazione di molti campioni della specialità, come Renato Travaglia, Piero Longhi, Andrea Della Villa, Dindo Capello, oltre a piloti di Formuila 1, quali Michele Alboreto, Giovanni Lavaggi, Giancarlo Fisichella, e campioni della moto come Loris Capirossi e Valentino Rossi. Per le

Ferrari and Porsche single marque events were run at Monza, as were the Italian Prototype Championship and motorcycle clubs slaloms and races. Among the other events that returned to feature in the autodrome's long list of activities were motoring and motorcycle meetings, races for the handicapped, slaloms, gymkhanas, homologation

Abbandonati presto gli sterrati che si snodano all'interno dell'autodromo, il Rally di Monza ha quasi sempre ricavato il suo terreno di gara su appositi tracciati allestiti sulle piste. Ecco un passaggio sulla pista d'alta velocità nell'edizione del 1999.

The unmade surfaces located on the inside of the autodrome abandoned immediately, the Rally of Monza has almost always derived its race terrain from special tracks built on the track. Here is a passage on the high speed track in the edition of 1999.

Gran Premio d'Italia 1999: verso metà corsa, l'Arrows di Tora Takagi sale letteralmente sulla Minardi di Luca Badoer distruggendogli l'alettone posteriore.
Il pilota italiano si deve ritirare, mentre il giapponese può proseguire ancora per una decina di giri finchè è costretto anch'egli ad abbandonare la gara.

Grand Prix of Italy 1999: towards mid-race, the Arrows of Tora Tagaki literally jumped on the Minardi of Luca Badoer, destroying its rear wing. The Italian driver is in this way constrained to retire, while the Japanese can still proceed for about ten laps until he is also constrained to abandon the race.

categorie minori, terminata nel 1995 la serie della Formula Alfa Boxer e della Formula 2000, si sono svolte a Monza gare delle Coppe monomarca Renault, Ferrari e Porsche, del Campionato Italiano Prototipi, di slalom e gare "club" di motociclismo. Tra le altre manifestazioni e attività rientranti tra le funzioni proprie dell'autodromo vanno segnalati raduni automobilistici e motociclistici, gare per portatori di handicap, slalom, gimkane, prove di omologazione dell'Ispettorato Motorizzazione Civile, prove d'auto elettriche del Politecnico di Milano, scuole di guida sicura.
Inoltre l'autodromo ha continuato a rappresentare un grande centro per il tempo libero e per gli sport, non solo motoristici. Sono state numerose, anche negli ultimi anni, manifestazioni quali: la gara podistica non competitiva "Formula Uno", che è diventata un appuntamento fisso di prima-

testing by the inspectorate of the Motorizzazione Civile or public traffic control organisation, electric car tests by the Milan Polytechnic and safe driving schools.
In addition, the autodrome continued to be a major centre for leisure and sport – and not only motor sport. In recent years, there have also been numerous events like non-competitive "Formula Uno" athletics, which have become a firm fixture in the spring for over 20,000 athletes, a sports festival that embraces various disciplines, model car and bicycle races, car auctions, an exhibition/market of antiques and modem antique collecting as well as a major exhibition of new car models called Motormonza, which also included the chance to try the cars on the track. When it is not involved in testing or racing, the autodrome still has a considerable throughput of people lapping the circuit in their

Sul podio del Gran Premio del 1999, Heinz-Harald Frentzen (al centro) vincitore con la Jordan, Ralf Schumacher, a sinistra, secondo con la Williams e Mika Salo, terzo con la Ferrari. Il podio, allora, si trovava all'inizio dei box, parallelo alla pista.

On the podium of the Grand Prix of Italy of 1999, Heinz-Harald Frentzen (centre) winner with the Jordan, Ralf Schumacher, left, second with the Williams and Mika Salo, third with the Ferrari. The podium, then, was found at the start of the pits, parallel to the track.

Alessandro Zanardi ai box con il calciatore Ronaldo durante il Gran Premio del '99 quando tornò in F.1 con la Williams dopo aver vinto, nei due anni precedenti, il campionato americano Cart. Di nuovo alla guida delle monoposto americane, nel 2001 è stato vittima di un grave incidente nel quale ha perso entrambe le gambe. Ma nel 2003 è tornato caparbiamente alle corse nella categoria Turismo con una macchina, provvista di speciali comandi.

Alessandro Zanardi in the pits with footballer Ronaldo during the Grand Prix of '99 when he returned to F1 with the Williams after having won in the two preceding years the American Cart Championship. Once more driving the American single-seaters, in 2001 he suffered a grave accident in which he lost both his legs. But in 2003 he returned courageously to racing in the Turismo category with a car fitted with special controls.

Un incidente verificatosi alla variante della Roggia durante il primo giro del Gran Premio del 2000 ebbe una tragica conseguenza. Una ruota staccatasi da una monoposto (visibile in alto a destra) volò in aria e, ricadendo, colpì un addetto del servizio antincendio che stazionava al suo posto, a bordo pista, causandone la morte a seguito del colpo ricevuto.

An accident that verified itself at the variant of the Roggia during the first lap of the Grand Prix of 2000 had a tragic consequence. A wheel that came off a single-seater (visible high on the right) flew in the air, fell and hit an anti-fire service worker who was stationery in his place at the side of the track, causing death following the blow received.

vera per oltre 20 mila podisti, il Festival polisportivo che comprende svariate discipline, gare per automodelli, gare ciclistiche, aste per automobile, una mostra-mercato di antiquariato e modernariato e una grande mostra di nuovi modelli auto, denominata Motormonza, che prevede anche la possibilità di provarle in pista. Quest'ultima, quando non impegnata per prove o gare, è stata come sempre molto frequentata per giri turistici in auto e in moto, oppure in bicicletta, a piedi, con i pattini e con rollerskates. Molto frequentata anche la piscina olimpionica. Il campeggio dell'autodromo ha continuato a essere meta di un numero sempre crescente di campeggiatori, non soltanto in occasione delle corse.

own cars, on their motorcycles, bicycles, rollerblades, roller skates and even on foot. The Olympic swimming pool is also much in demand and the Monza camp site has continued to be a destination of an ever-growing number of members of the public – and not only during motor races.
The renewal and expansion of the autodrome facilities begun in 1989 continued between 2001 and 2003, with work that increased the functional capacity of the installation in sporting terms and improved its accommodation and hospitality capability.
The pit complex was lengthened by a new, 50-metre section on its south side, which increased its number of garages from 48 to 60 for the racing

Una sosta ai box della Ferrari durante il Gran Premio del 2000. Il "pit stop" è un momento spettacolare e molto importante nei Gran Premi. Spesso il numero di soste al box e la loro durata può essere determinante per la vittoria finale. In una manciata di secondi sono cambiate le quattro gomme e viene effettuato il rifornimento di carburante. Se non si verificano contrattempi, ci si può riuscire anche in 5-6 secondi, ma ciò dipende dalla quantità di benzina caricata.

A pit stop of Ferrari during the Grand Prix of 2000. The pit stop is a spectacular moment and very important in the Grands Prix. Often, the number of stops in the pits and their duration can be determinate for the final victory. In a handful of seconds the four tyres are changed and refuelling of petrol is effected. If no mishaps are verified, it is possible to complete a stop also in 5-6 seconds, but that depends on the quantity of petrol loaded.

Marlboro
BRIDGESTONE
POTENZA
FORMULA 1

Due Alfa Romeo 156 impegnate nella "500 Km" di Monza del 2001, prova valida per il Campionato Europeo Turismo.

Two Alfa Romeo 156s competing in the "500 Km" of Monza of 2001, a round in the European Turismo Championship.

La Ferrari 333 Sport Prototipo vincitrice della 1000 Chilometri del 2001 con l'equipaggio formato da Giovanni Lavaggi, al volante nella foto, e Christian Vann. Era quella una Ferrari atipica dato che era spinta da un motore Judd.

The Ferrari 333 Sport Prototype, winner of the 1000 Kilometres of 2001 with the crew formed by Giovanni Lavaggi, at the wheel in the photo, and Christian Vann. It was an atypical Ferrari, given that it was powered by a Judd engine.

Su un tracciato allestito sul rettilineo di partenza sono state disputate, tra la fine degli anni Novanta e i primi del decennio successivo alcune edizioni del Kart Trophy.

On the track set up on the starting straight were disputed, between the end of the Nineties and the first years of the succeeding decade, some editions of the Kart Trophy.

Un "gruppone" di Superbike affronta la prima variante dopo il via della gara del 2001. Entrambe le manches furono vinte dall'australiano Troy Bayliss con la Ducati.

A "big group" of Superbike affront the first variant after the start of the race of 2001. Both the heats were won by Australian Troy Bayliss with the Ducati.

Il rinnovamento e l'ampliamento delle strutture dell'autodromo, iniziati nel 1989, sono continuati tra il 2001 e il 2003 con opere che ne hanno aumentato la funzionalità sotto l'aspetto sportivo e migliorato le capacità ricettive e di ospitalità.
Il complesso dei box è stato allungato con una nuova campata di 50 metri, sul lato sud, che ha permesso di aumentare da 48 a 60 i box a disposizione delle scuderie e di ricavare nuovi spazi al primo piano per i vari servizi e per la direzione gara. Ora i box hanno una lunghezza complessiva di 254,30 metri. Inoltre l'edificio dei box è stato allargato verso il paddock, passando da una profondità di 12,90 metri a una di 21,50. Un'altra novità è stata rappresentata dall'ampliamento della sala stampa che ora è dotata di 540 postazioni per giornalisti oltre alle zone per l'ufficio stampa, per le telecomunicazioni e varie salette di servizio. La sala stampa è stata dedicata a Tazio Nuvolari, il grandissimo campione automobilistico e motociclistico di cui, nel 2003, ricorreva il

teams and provided more first floor space for various autodrome services and race management. Now the length of the pit complex measures 254.30 metres. In addition, the pit building was extended towards the paddock to give it a depth of 21.50 metres instead of the previous 12.90. Another new development was the expansion of the press room, which now has 540 places for journalists as well as accommodation for the press office, telecommunications and various service rooms. The press room was named in honour of Tazio Nuvolari, the great Italian motorcycle and car racing champion, in 2003 to mark the 50th anniversary of his death. A new paddock was also established behind the F1 park to accommodate support race teams, with its track entrance on the central straight.
A new three-floor building was constructed on the north side of the pits to house hospitality areas, offices, a data elaboration centre and catering facilities.

Il Gran Premio d'Italia del 2001 si disputò il 16 settembre, cinque giorni dopo l'attentato alle Twin Tower di New York. La F1, in lutto, ricordò le vittime con un minuto di silenzio prima della corsa. Le Ferrari gareggiarono senza scritte pubblicitarie e con il musetto di colore nero.

The Grand Prix of Italy of 2001 was disputed on 16 September, five days after the attempt on the Twin Towers of New York. F1, in mourning, remembered the victims with a minute's silence before the race. The Ferraris competed without publicity writing and with the nose in the colour black.

cinquantesimo della scomparsa. È stato poi realizzato un nuovo paddock per le gare di supporto, alle spalle del paddock di F.1, con ingresso in pista sul rettilineo centrale.
A fianco dell'edificio dei box, sul lato nord, è stata costruita una nuova palazzina di tre piani nella quale trovano posto aree di ospitalità, uffici, il centro di elaborazione dati e strutture per il catering.
Il podio delle premiazioni si trova ora sopra il muretto dei box ed è collegato al primo piano del complesso box mediante una passerella.
Tra le altre modifiche figurano, l'allargamento di 4 metri della corsia box e lo spostamento del "villaggio" con i negozi, il bar e lo sportello bancario siti nell'ex padiglione festival. L'area del vecchio villaggio fa ora parte del paddock, nel quale è rimasto l'edificio del ristorante che viene utilizzato, tra l'altro, come sala per i fotografi in occasione delle manifestazioni più importanti.

The trophy presentation podium is now above the pit wall and is connected with the first floor of the pit complex by a footbridge.
Other modifications included widening the pit lane by four metres and the relocation of the village, with shops, bar and bank being transferred to what was the festival pavilion. The old village area is now part of the paddock, in which the restaurant building has remained and is used as, among other things, a photographers' room during the bigger events at the autodrome.
It is not difficult to describe the world of Formula One at the beginning of this century: it was a period made up of an extraordinary series of victories by Ferrari and its driver Michael Schumacher, the two winning all five world constructors' and drivers' titles. At the time of writing, Ferrari had won nine constructors' championships since the contest was introduced in 1958 and Schumacher had

Le Williams di Ralf Schumacher (sulla destra) e Juan Pablo Montoya tagliano la prima variante subito dopo il via del Gran Premio del 2002. Dietro di loro, all'interno della traiettoria di pista, le Ferrari di Barrichello e Schumacher.

The Williams of Ralf Schumacher (right) and Juan Pablo Montoya cut the first variant immediately after the start of the Grand Prix of 2002. Behind them, inside the trajectory of the track, the Ferraris of Barrichello and Schumacher.

L'incontenibile gioia di Rubens Barrichello vincitore del GP del 2002. Alla sua destra Schumacher, che aveva già conquistato con largo anticipo il titolo mondiale di quell'anno.

The uncontainable joy of Rubens Barrichello, winner of the GP of 2002. On his right Schumacher, who had already won with a wide anticipation the world title of that year.

Sotto la simpatica carrozzeria del vecchio Maggiolino pulsa un moderno e potente motore Volkswagen: sono le vetture della serie "Fun Cup" che spesso scendono in pista a Monza dando vita a gare combattute.

Under the sympathetic body of the old Beetle beat a modern and powerful Volkswagen engine: they are the cars of the series "Fun Cup" that often descended onto the track at Monza for their hard-fought races.

Due gloriose Alfa Romeo Giulietta TI e una Mini Cooper in lotta durante la gara riservata alle vetture Turismo, in occasione della tradizionale Coppa Intereuropa riservata alle autostoriche.

Two glorious Alfa Romeo Giulietta TIs and a Mini Cooper fighting during a race reserved for touring cars on the occasion of the traditional Coppa Intereuropa for vintage cars.

Presentazione del 73° Gran Premio d'Italia all'autodromo. Da sinistra, il vicepresidente CSAI, Enrico Gelpi; il sindaco di Monza Michele Faglia; il presidente dell'AC Milano Ludovico Grandi; il presidente della SIAS-Autodromo di Monza (attualmente presidente onorario) Giulio Fumagalli Romario; l'assessore allo sport del Comune di Milano, Aldo Brandinali; il direttore dell'autodromo di Monza, Enrico Ferrari.

Presentation of the 73rd Grand Prix of Italy at the autodrome. From the left: the vice-president of CSAI, Enrico Gelpi; the mayor of Monza Michele Faglia; the president of the AC of Milan, Ludovico Grandi; the president of the SIAS-Autodromo di Monza (currently honorary president) Giulio Fumagalli Romario; the Milan Municipality councillor for sport, Aldo Brandinali; the director of the autodrome of Monza, Enrico Ferrari.

Sembra debbano toccarsi tanto sono vicine. All'interno della Prima Variante al primo giro del Gran Premio del 2003, la Ferrari di Michael Schumacher, la Williams di Juan Pablo Montoya, l'altra Ferrari di Rubens Barrichello e la Renault di Jarno Trulli.

Seems they must touch, so close are they. On the inside of the First Variant on the first lap of the Grand Prix of 2003, the Ferrari of Michael Schumacher, the Williams of Juan Pablo Montoya, the other Ferrari of Rubens Barrichello and the Renault of Jarno Trulli.

La passione per i motori non risparmia nessuno. L'Arcivescovo di Milano, Cardinale Dionigi Tettamanzi, in visita al Gran Premio del 2003.

The passion for engines does not spare anybody. The Archbishop of Milan, Cardinal Dionigi Tettamanzi, visiting the Grand Prix of 2003.

Terza vittoria a Monza per Michael Schumacher, sempre con la Ferrari, nel 2003. Grande è la sua gioia perché è riuscito a battere Juan Pablo Montoya, principale antagonista per la conquista del titolo, giunto alla sue spalle.

Third victory at Monza for Michael Schumacher, always with Ferrari, in 2003. Great is his joy because he has been able to beat Juan Pablo Montoya, principal antagonist for the conquest of the title, who arrived behind his back.

Foto di gruppo al Gran Premio del 2004. A fianco, da sinistra: il Presidente dell'Automobile Club di Milano, Ludovico Grandi; il "capo" della F1, Bernie Ecclestone; il Presidente della Regione Lombardia, Roberto Formigoni; il Sindaco di Milano, Gabriele Albertini; il Presidente dell'Automobile Club d'Italia, Franco Lucchesi.

Group photo at the grand prix of 2004. Opposite, from the left: the president of the Automobile Club of Milan, Ludovico Grandi; the "boss" of F1, Bernie Ecclestone; the president of the Region of Lombardy, Roberto Formigoni; the mayor of Milan, Gabriele Albertini; the president of the Automobile Club of Italy, Franco Lucchesi.

Gran Premio d'Italia 2004. Da sinistra: il direttore dell'autodromo di Monza, Enrico Ferrari; il campione olimpico di ginnastica, Igor Cassina; il Presidente della SIAS-Autodromo di Monza, Claudio Viganò; il direttore dell'Automobile Club di Milano, Giuseppe Mercuri. Sulla destra due accompagnatori del ginnasta.

Gran Prix of Italy 2004. From the left: the director of the autodrome of Monza, Enrico Ferrari; the Olympic champion gymnast, Igor Cassina; the president of the SIAS-Autodromo di Monza, Claudio Viganò; the director of the Automobile Club of Milan, Giuseppe Mercuri. On the right, two companions of the gymnast.

È facile tratteggiare il mondo della Formula 1 all'inizio di questo secolo: una serie straordinaria di successi della Ferrari e del suo pilota Schumacher, che si sono aggiudicati tutti e cinque i titoli mondiali sia fra i Costruttori sia fra i Piloti. La Ferrari ha così conquistato nove titoli Costruttori dal 1958 (anno in cui fu istituito) e Schumacher sette.
In questi ultimi anni il Gran Premio d'Italia è stato vinto due volte da Michael Schumacher (nel 2000 e nel 2003), una volta da Juan Pablo Montoya su Williams-BMW (nel 2001), e due volte dall'altro ferrarista Rubens Barrichello (nel 2002 e nel 2004).
Le velocità intanto sono salite. Nel 2003 Michael Schumacher ha vinto alla media di 247,585 chilometri orari, mentre Rubens Barrichello, nel 2004, ha stabilito il record sul giro in gara in 1'21" 046, alla media di 257,320 chilometri l'ora.
Monza si è in tal modo riconfermata come la pista più veloce del mondo. L'autentico "tempio della velocità".

scored a record seven world drivers' titles.
In recent years, the Grand Prix of Italy has been won twice by Michael Schumacher/Ferrari – in 2000 and 2003 - once by Juan Pablo Montoya in a Williams-BMW in 2001 and twice by the other Ferrarista, Rubens Barrichello, in 2002 and 2004.
In the meantime, speeds have increased. Schumacher won at an average of 247.585 km/h in 2003, while Barrichello established an autodrome lap record of 1'21"046, an average of 257.320 km/h, in 2004.
So Monza has re-established itself as the fastest race track in the world. A real "temple of speed".

Gran Premio d'Italia 2004: le Ferrari di Barrichello e Schumacher avanzano sicure verso l'ennesima vittoria.

Grand Prix of Italy 2004: the Ferraris of Barrichello and Schumacher advance securely towards the umpteenth victory.

Il pubblico dopo la tradizionale invasione pacifica della pista, festeggia i due ferraristi sul podio. Con i successi del 2004, la Ferrari ha conquistato, per la sesta volta consecutiva, il titolo mondiale dei costruttori (14 in totale), mentre Michael Schumacher ha conquistato il suo settimo titolo mondiale, e il quinto consecutivo con le monoposto del Cavallino Rampante.

The public after the traditional pacific invasion of the track, cheer the two Ferrari men on the podium. With the successes of 2004, Ferrari had conquered, for the sixth consecutive time, the world constructors' title (14 in total), while Michael Schumacher conquered his seventh world title, and his fifth in succession with the single-seaters of the Prancing Horse.

MONZA OGGI

Dopo i radicali interventi attuati nel 1989-90 e nel 2001-2002, l'autodromo ha cambiato totalmente la sua fisionomia nella zona dei box, quella che caratterizza un impianto per lo sport automobilistico.
Un grande edificio, lungo più di 250 metri, accoglie i box. Sopra si trovano la direzione corse, il centro media, sale e salette per uffici e per l'ospitalità.
Un complesso d'acciaio e vetro che, nonostante la mole, offre un'immagine di leggerezza ed eleganza.
Altrettanto gradevole sul piano estetico è il nuovo edificio per servizi dell'autodromo e per l'ospitalità, che è stato realizzato, in continuazione dei box, nel senso della corsa.
Di fronte, le tribune coperte, anch'esse, tranne quella centrale, abbastanza recenti. Un insieme che fa di Monza uno degli autodromi più belli e funzionali del mondo.

After the radical interventions carried out in 1989-90, the autodrome changed totally its physiognomy in the pits area, that which characterised a facility for the automobile sport.
A large building, more than 250 metres long, accommodated the pits. Above, one finds the direction of races, the media centre, rooms and small rooms for offices and hospitality.
A complex of steel and glass, which, despite its bulk, gives an image of lightness and elegance.
Equally pleasant on the aesthetic front is the new building for services of the autodrome and for hospitality, which was realised, in continuation of the pits, in the direction of racing.
Then, in front of the covered stand, those also, except the central one, fairly recent.
An entity that makes of Monza one of the most functional and beautiful autodromes in the world.

Veduta aerea dell'autodromo di Monza immerso nel verde del parco.

Immersed in the green of the park, an aerial view of the Monza autodrome.

La prospettiva della zona box vista dall'uscita della curva Parabolica. A destra, il complesso comprendente i box e le sale per servizi o di rappresentanza al primo piano, oltre alle aree di ospitalità sulla terrazza. A sinistra, le tribune centrali e, in primo piano, una torretta di segnalazione tempi, ora destinata all'ospitalità.

The view of the pits area seen from the Parabolica exit. On the right, the complex includes the pits and the first floor rooms for services or entertainment, as well as the hospitality area on the terrazza. On the left, the central stands and, in the foreground, the tower from which competitors placings were signalled and which is now used as a hospitality facility.

Alla fine degli anni Ottanta iniziò un'opera di radicale trasformazione dei principali impianti, che ha conferito all'autodromo l'attuale, moderno aspetto. L'ampliamento dei box e il potenziamento delle strutture per la stampa erano da tempo richieste sia dalla FISA sia dalla FOCA che, alla loro realizzazione, avevano condizionato lo svolgimento del Gran Premio d'Italia all'autodromo di Monza. Questi lavori furono possibili grazie soprattutto alla sensibilità mostrata verso il problema dalla Regione Lombardia che, attraverso lo strumento legislativo, pose le condizioni per poter attuare le migliorie richieste. Nella primavera del 1989 si poté quindi iniziare i lavori per il rinnovamento degli impianti. Il progetto complessivo dell'opera fu redatto dagli architetti Benati e Cortesi, sulla base dei suggerimenti dello staff tecnico dell'autodromo. I lavori furono eseguiti dalla Grassetto Costruzioni, in collaborazione con la Metalsigma Tunesi, che realizzò tutte le facciate e le finiture interne. Direttore dei lavori, l'ingegner Giorgio Beghella Bartoli.
La zona box fu completamente trasformata con la costruzione di un moderno edificio a due piani che si sviluppava per circa 196 metri e aveva una

Work that would lead to the radical transformation of the principal facilities was started at the end of the Eighties. It conferred on the autodrome its current, modern appearance. The expansion of the pits and the development of the structure for the press had been requested for some time by FISA and FOCA and their conclusion conditioned the running of the Grand Prix of Italy at the Monza autodrome. The work was possible thanks in particular to the sensitivity shown to the problem by the Region of Lombardy, which, through the legislative instrument, imposed conditions to be able to put into effect the improvements requested. In the late spring of 1989 it was, therefore, possible, to finally begin work for the renewal of those facilities. The overall project was drawn up by architects Benati and Cortesi on the basis of suggestions made by the technical staff of the autodrome. The work was carried out by Grassetto Costruzioni, in collaboration with Metalsigma Tunesi, who realised all the facades and internal finish. Director of the works was engineer Giorgio Beghella Bartoli.
The pits area was completely transformed with the construction of a modern building of two floors, which ran for about 196 metres and had a depth of

Sopra, l'inizio dell'edificio box a sud. Sotto, il retro box che si affaccia sul paddock.

Above: the start of the pit building in the south. Below: the back of the pits, which looks out over the paddock.

Una veduta dei due paddock che, insieme, coprono un'area di circa 42 mila metri quadrati. Quello più vicino ai box è solitamente destinato ai Van delle vetture che partecipano alla gara più importante in programma.

A view of the two paddocks, which together cover about 42 thousand square metres. The one nearest the pits is usually used for the vans of the cars that compete in the most important scheduled race.

La sala stampa. Può ospitare sino a 540 giornalisti ed è dotata di tutte le attrezzature necessarie per la trasmissione degli articoli.

The press room. It can accommodate up to 540 journalists and has all the equipment necessary for the transmission of articles.

La sala fotografi, all'interno del paddock. Fino a qualche anno fa ospitava un ristorante.

The photographers' room inside the paddock. It was a restaurant until a few years ago.

Uno scorcio del rettilineo tribune. Al centro, il podio della premiazione.

A partial view of the straight stand. In the centre, the prize-giving podium.

profondità di circa 13 metri. Gli edifici realizzati sono di suggestiva bellezza e, pur nelle loro dimensioni, si armonizzano con il parco circostante. Al riguardo, l'allora Presidente della Federazione Internazionale dell'Automobilismo, Jean Marie Balestre, disse: "Nel rispetto dell'ambiente, un edificio straordinario è stato realizzato con intelligenza, creatività e passione, un'opera che fa onore all'Italia, al campionato del mondo, allo sport automobilistico".

Al pian terreno della costruzione vi erano 48 box, ognuno largo 4 metri, che, grazie alle pareti mobili, potevano essere raggruppati in gruppi di tre elementi ciascuno e formare 16 box larghi 12 metri ciascuno. Tutta la struttura è resistente al fuoco per la durata di 120 minuti e nei box, al piano terra, per la durata di 180 minuti.

Al primo piano vi era una sala stampa che poteva ospitare 370 giornalisti, con relativi uffici, locali per telefoni e telefax. Inoltre vi era, accanto alla sala stampa, un'area attrezzata per ospitare 80 fotografi con locali sviluppo e deposito materiale. Altri 4 laboratori fotografici si trovano sulla copertura del primo piano.

Al primo piano vi erano, inoltre, sale e uffici per le esigenze dell'organizzazione, per l'ospitalità e per altri servizi. La copertura del primo piano era riservata all'ospitalità e servizi annessi. Nella tribuna centrale sono state realizzate 36 cabine inso-

about 13 metres. The buildings realised are of suggestive beauty, while in their dimensions, they harmonised with the surrounding park. In that regard, the then president of the Federazione Internationale dell'Automobilismo, Jean Marìe Balestre, said, "In respect of the environment, an extraordinary building has been realised with intelligence, creativity and passion, a work that does honour to Italy, the world championship, to the sport of motor racing".

On the ground floor of the construction were 48 garages, each four metres wide, which, thanks to the mobile walls, could be grouped in groups of three elements each and form therefore 16 garages 12 metres wide. The whole structure is fire resistant for a duration of 120 minutes and in the pits on the ground floor for a duration of 180 minutes.

On the first floor, there was a press room that could host 370 journalists with relative offices, telephone and telefax areas. In addition, there was, next to the press room, a waiting area to host 80 photographers with development and material deposit rooms. Another four photographic laboratories are found on the roofing of the first floor.

On the first floor there were, in addition, rooms and offices for the needs of the organisation, for hospitality and annexed services. In the central stand were realised 36 soundproof cabins for television and radio commentators. The medical cen-

L'interno di un box, composto da due moduli. Oggi i moduli sono 60 e vengono accorpati a seconda delle necessità dei vari team.

Inside one of the pits, composed of two modules. Today, there are 60 modules and they are unified in line with the needs of the various teams.

I banchi della reception che arredano la nuova sala stampa.

The reception desks in the new press room.

La palazzina del centro medico. È molto attrezzato ed ha accanto l'eliporto.

The medical centre, which is extremely well equipped and has a heliport at its side.

Il cosiddetto "building", un'elegante costruzione che ospita alcuni servizi all'autodromo e sale di rappresentanza.

The so-called "building", an elegant construction in which there are a number of autodrome services and entertainment rooms

Immagini di sale del "building" dove è possibile svolgere le riunioni più diverse durante tutto l'anno.

Pictures of the "building's" rooms, in which it is possible to hold the most diverse meetings throughout the year.

norizzate per telecronisti e radiocronisti. È stato poi ampliato il centro medico per accogliere 3 sale mediche e 2 di rianimazione, ed è stata ristrutturata e insonorizzata la direzione gara.
Nell'ambito dei lavori di rinnovamento sono stati realizzati anche gli uffici di direzione dell'autodromo. Tra i nuovi impianti tecnologici, è previsto anche il sistema integrato per la rilevazione, l'elaborazione e la trasmissione di dati, nonché per il controllo a distanza dell'impianto televisivo a circuito chiuso e per il collegamento dei telefoni di pista. I segnali trasmessi da 31 punti di rilevamento permettono di avere istantaneamente tutte le informazioni relative alle vetture in corsa, le varie posizioni dei concorrenti, la velocità massima di ogni vettura, l'analisi dei tempi giro per giro e per ogni sezione della pista. L'integrazione del sistema informatico con il circuito chiuso televisivo consente di seguire automaticamente la vettura dai box su tutto lo sviluppo della pista. Questo servizio può essere realizzato per un numero massimo di 48 vetture che girano contemporaneamente in pista.
Nel 1994 e nel 1995, per adeguare il circuito agli standard di sicurezza richiesti dalla FIA, sono state realizzate modifiche in alcuni punti della pista. Nel 1994 è stata ridisegnata la seconda curva di Lesmo, con una configurazione quasi a gomito, con un raggio di 36 metri, più stretto rispetto a quello precedente.
Nel 1995 sono stati apportati interventi alla curva Grande e lungo l'intero tratto di Lesmo, dall'entrata della prima curva all'uscita della seconda, sono stati arretrati verso l'interno (con la contemporanea riduzione dei loro raggi) al fine di aumentare gli spazi di fuga esterni che sono passati, nei punti più critici, da 50 a 118 metri per quanto riguarda la curva Grande e da 20 a 60 metri per quanto riguarda il tratto delle curve di Lesmo. Inoltre, è stata ristretta la prima curva con un raggio passato da 98 a 75 metri e, di poco, anche quello della seconda, da 36 a 35 metri. La curva della Roggia è stata anticipata di 50 metri, mantenendo però lo stesso disegno, per disporre di spazi di fuga più ampi. Con questi interventi, la lunghezza della pista è stata ridotta da 5.800 a 5.770 metri.
Altri lavori compiuti nell'estate del 1995 hanno riguardato la costruzione di un nuovo centro medico, facilmente raggiungibile anche dai box; accanto ad esso è stato creato un eliporto di soccorso.
Nel 1997 i posti a sedere dislocati in varie tribune

tre was also expanded and has three medical rooms and two of intensive care, and the direction of the race was restructured and soundproofed.
In the area of renewal work, offices were also realised of the direction of the autodrome. Among the new technological facilities realised is an integrated system for the revelation, elaboration and transmission of data, as well as for the remote control of the closed circuit television system and for the connection of track telephones. The signals transmitted from 31 points of revelation permit receiving instantly all the information relative to the cars racing, like the various positions, the maximum speed of each car, the analysis of times lap by lap and for every section of the track. The integration of the informatics systems with the closed circuit television permits following automatically the car from the pits on the full development of the track. This service can be realised for a maximum number of 48 cars that lap the track at the same time.
In 1994 and 1995, to bring the circuit up to the standards of safety requested by FIA, modifications were realised at a number of points of the track. A second Lesmo curve was designed in 1994, with the configuration almost of an elbow, with a radius of 36 metres, tighter than the previous one.
In 1995, work was carried out on the Grande curve and along the entire tract of Lesmo, from the entrance to the first curve to the exit of the second, were moved back towards the inside (with contemporaneous reductions in their radii) with the objective of increasing the spaces of external escape, which went, in the most critical points, from 50 to 118 metres as far as regards the Grande curve and from 20 to 60 metres as far as regards the tract of the Lesmo curve. In addition, the first curve was tightened with a radius that passed from 98 to 75 metres and, a small amount, also that of the second from 36 to 35 metres. The Roggia curve was brought forward by 50 metres, maintaining, however, the same design to give more ample escape spaces. With these interventions, the length of the track was reduced from 5,800 to 5,770 metres.
Other work carried out in the summer of 1995 regarded the construction of a new medical centre, easily reachable also from the pits; next to it a rescue heliport was created.
In 1997, seats deployed in various stands were taken from 45 thousand to almost 51 thousand, while the pavilion that hosted the museum of vin-

L'ingresso della direzione dell'autodromo dal lato verso il paddock.
The entrance to the management area of the autodrome from the side towards the paddock.

Il padiglione dove sono dislocati bar e altri negozi. In primo piano la statua di Juan Manuel Fangio accanto alla sagoma della Mercedes-Benz W 196, sulla quale gareggiò e vinse negli anni Cinquanta.
The pavilion, in which there are bars and other shops. In the foreground is the statue of Juan Manuel Fangio, next to a representation of a Mercedes-Benz W 196, in which the Argentinean competed and won during the Fifties.

L'elegante e originale costruzione ad ali di gabbiano, che per molti anni fu sede del museo dell'autodromo.
The elegant and original gullwing construction, which housed the autodrome's museum for many years.

Il cortile delle rimesse (a sinistra), costruite nel 1922. Sino agli anni Settanta venivano qui ricoverate le vetture quando non erano in pista.

The courtyard of the garage (left) built in 1922. Until the Seventies, this is where the cars were kept when they were not on the track.

Il tram che ospita l'Associazione Sportiva Amici dell'Autodromo e del Parco, un'associazione molto attiva che difende la presenza dell'autodromo nel parco.

The tram, which is used by the Associazione Sportiva Amici dell'Autodromo e del Parco, a very active association that defends the presence of the autodrome in the park.

Le gradinate all'uscita della Parabolica e, difronte, le tribune.

The terraces at the Parabolica exit and in front of the stands.

sono stati portati da circa 45 mila a quasi 51 mila, mentre il padiglione che ospitava il museo delle auto storiche è stato destinato ad altri usi.

Nel 1998, la linea d'arrivo è stata arretrata all'altezza dell'ingresso della corsia box, ossia circa 250 metri prima della linea di partenza.

Nell'estate del 2000 è stata ridisegnata la prima variante che, da una "esse " con curve sinistra-destra-sinistra, è stata trasformata in una doppia curva destra-sinistra più stretta e quindi più lenta. Il rettilineo tra l'ingresso e l'uscita della curva della Roggia è stato poi allungato di 10 metri. Questi due interventi hanno portato la lunghezza della pista stradale da 5.770 metri a 5.793 metri.

Nel 2001 ha preso il via il progetto di potenziamento degli edifici box e servizi. I lavori di ampliamento dell'edificio box sono stati eseguiti dalla Metalsigma Tunesi, che aveva già realizzato la prima parte dell'opera, alla quale sono stati affidati anche i lavori per le facciate e altre parti dell'edificio servizi. Le nuove pareti, sia quelle dal lato paddock dell'edificio box, sia quelle dell'intero edificio servizi, conferiscono all'insieme un'immagine di eleganza e leggerezza.

tage cars was destined for other uses.

In 1998, the finish line was brought back to the height of the entrance of the pit lane, namely about 250 metres before the start line.

In the summer of 2000, the first variant was redesigned which, from an "S" with curves left-right-left, was transformed into a double right-left curve, tighter and, therefore, slower. The straight between the entrance and exit of the curve of the Roggia was then lengthened by 10 metres. These two interventions took the length of the road track from 5,770 to 5,793 metres.

In 2001, a start was made on the project of expanding the pit buildings and services. The expansion work of the pit building was carried out by Metalsigma Tunesi, which had already realised the first part of the work, and to whom the work was also entrusted for the facades and other parts of the service building. The new walls, both those on the paddock side of the garages and that of the entire services building, give as a whole an image of elegance and lightness.

With the expansion of the pits building, the press room was also enlarged, which now has 540 posi-

Uno scorcio delle tribune (in primo piano la "centrale") sul rettilineo. In totale, i posti nelle varie tribune ammontano a circa 52 mila, cui si aggiungono 20 mila posti di gradinata.

A partial view of the stands (in the foreground the "central") on the straight. In total, the various stands provide seats for about 52 thousand, to which the terraces add another 20 thousand.

Inizio della curva Parabolica. A destra, uno scorcio dell'omonima tribuna, sullo sfondo le tribune sul lato sinistro del rettifilo centrale.

The start of the Parabolica curve. On the right, a partial view of the corner's stand, in the background the stands on the left side of the central straight.

Con l'ampliamento dell'edificio box, è stata ingrandita anche la sala stampa che ora dispone di 540 postazioni per giornalisti, oltre a vari uffici di servizio, la sala per le telecomunicazioni, la reception e ampie aeree per le informazioni e per conferenze stampa. La sala stampa è stata intitolata a Tazio Nuvolari.
L'edificio servizi, realizzato a nord, in continuazione dei box, è costituito da tre piani in cui trovano posto aree di ospitalità, uffici vari, il centro di elaborazione dati e altri servizi.
È stato realizzato un nuovo paddock di circa 22 mila metri quadrati dietro a quello esistente di circa 20 mila. Inoltre, la corsia box è stata allargata di 4 metri.
Nel corso di questi interventi è stato realizzato anche un nuovo podio per le premiazioni, a forma circolare e di grande effetto visivo, collegato con una passerella all'edificio box.
La nuova sistemazione ha comportato anche la demolizione del vecchio "villaggio" (è rimasta, incorporata nel paddock, la costruzione del ristorante, ora adibita a sala per i fotografi). Il bar, lo sportello bancario e altri negozi, sono stati trasferiti a poche decine di metri nell'ex padiglione Festival.
Con tutte queste innovazioni l'autodromo di Monza è oggi uno dei più funzionali del mondo, con in più una storia forse ineguagliabile.

tions for journalists, as well as various offices of services, the room for the telecommunications, the reception and ample areas for the information and for press conferences. The press room was entitled to Tazio Nuvolari.
The services building, realised in the north, in continuation of the pits, is constituted of three floors in which areas of hospitality find their place, various offices, the centre of data elaboration and other services.
A new paddock was realised of about 22 thousand square metres behind the existing one of about 20 thousand. In addition, the pit lane was widened by four metres.
In the course of these interventions, a new podium was also realised for the prize givings, in a circular shape and of great visual effect, connected with a walkway to the pit building.
The new layout has also brought about the demolition of the old village (remained, incorporated in the paddock, the construction of the restaurant; now used as a room for photographers). The bar, the bank window and other shops were transferred to a few tens of metres in the ex-Festival pavilion.
Like all these innovations, the autodrome of Monza is today one of the most functional of the world, with in addition a history perhaps unequalable.

Il punto informativo dell'Automobile Club di Milano, aperto nelle manifestazioni più importanti.

The information point of the Automobile Club of Milan, open during the most important events.

Il treno adibito a funzioni di ospitalità.

The train used for hospitality purposes.

La pista per gare di automodelli.

The track for model car races.

L'ingresso "storico" di Porta Vedano.

The "historic" Porta Vedano entrance.

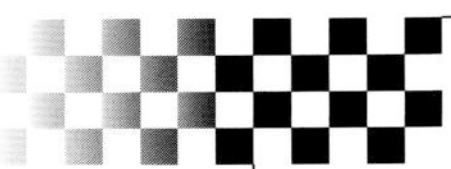

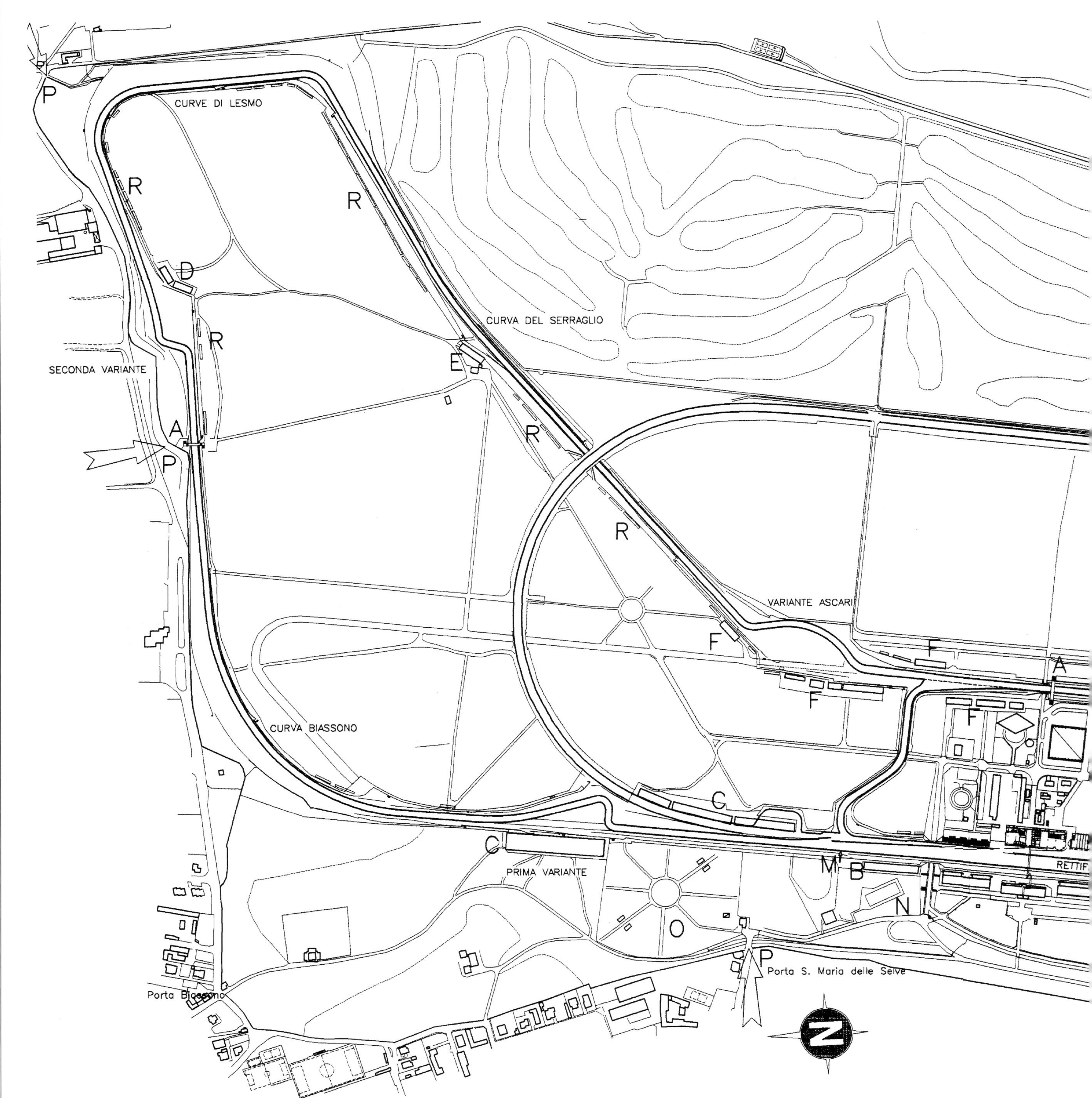
P
CURVE DI LESMO
R
R
D
R
CURVA DEL SERRAGLIO
E
SECONDA VARIANTE
A
P
R
R
VARIANTE ASCARI
F
F
A
F
F
CURVA BIASSONO
C
C
PRIMA VARIANTE
M
B
RETTIF
N
O
P
Porta S. Maria delle Selve
Porta Biassono
N

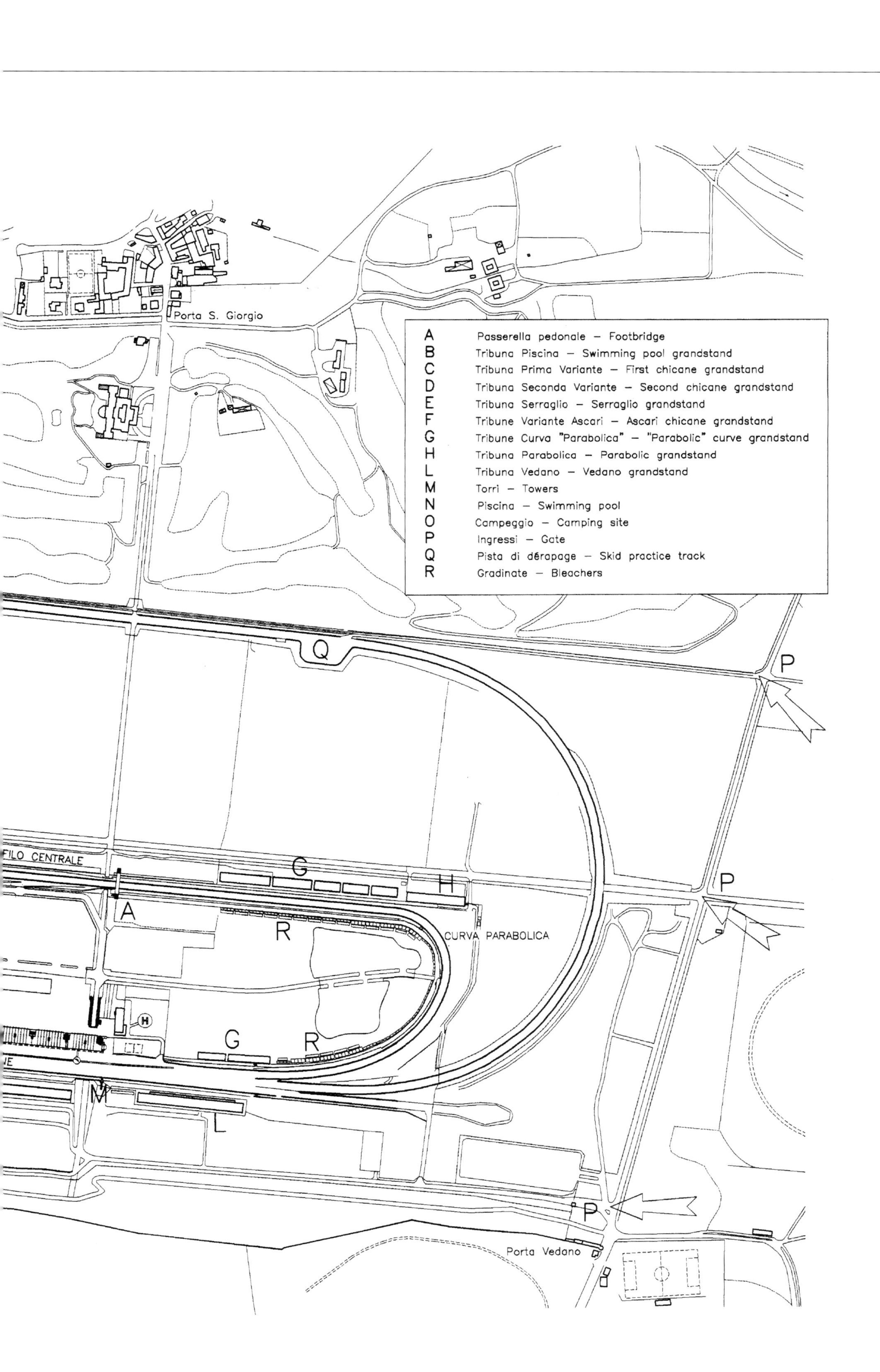

LA PIANTA DELL'AUTODROMO ATTUALE (GENNAIO 2005)

THE PRESENT AUTODROME LAY-OUT (GENUARY 2005)

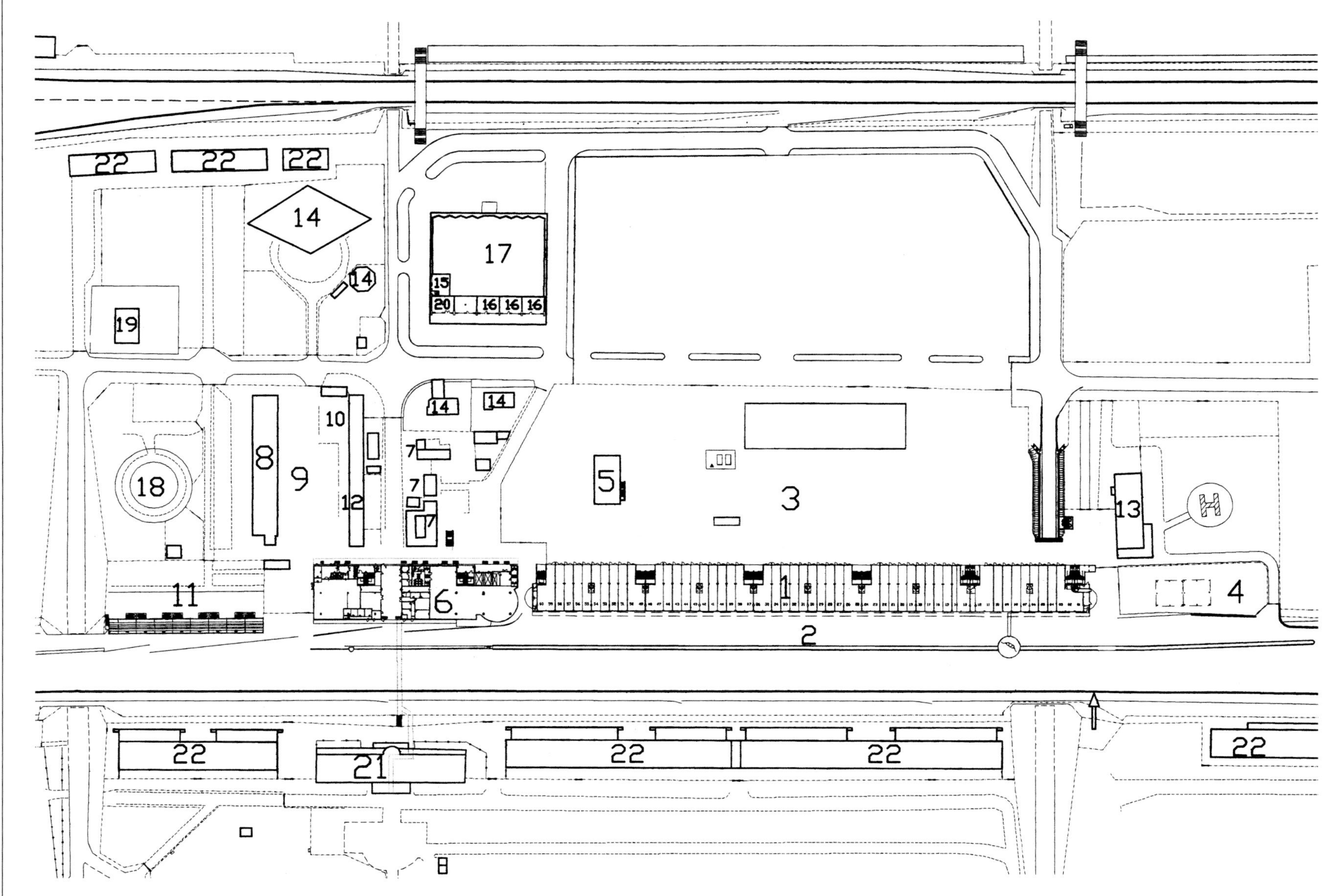

ZONA CENTRALE DI SERVIZIO
CENTRAL SERVICE AREA

1 Fabbricato box / *Pit building*
Piano terra / *ground floor* – 60 box / *pits* - 1° piano / *first floor* – Direzione gara, sala stampa, sale ospitalità / *Race control, media room, hospitality rooms* - Terrazzo ospitalità / *Hospitality terracce*
2 Corsia box / *Pit lane*
3 Paddock / *Paddock*
4 Centro verifiche / *Scruteenering centre*
5 Area fotografi / *Photographers area*
6 Edificio rappresentanza / *Hospitality building*
Piano terra / *ground floor*: sala Regione Lombardia / *Regione Lombardia room* - 1° piano/*first floor*: sale ospitalità / *Hospitality rooms* - Terrazzo ospitalità / *Hospitality terrace*
7 Uffici autodromo / *Circuit office*
8 Rimesse / *Garages*
9 Recinto rimesse / *Garages enclosure*
10 Officina e magazzini / *Workshop & storage*
11 Box di rappresentanza / *Hospitality pavillons*
12 Abitazione custode / *Guardian's residence*
13 Centro medico / *Medical centre*
14 Padiglioni di rappresentanza / *Hospitality pavillons*
15 Ufficio informazioni / *Information office*
16 Negozi / *Shops*
17 Padiglione multiuso / *Multiuse pavillon*
18 Pista automodelli / *Model car track*
19 Abitazione direttore / *Manager's residence*
20 Banca / *Bank*
21 Tribuna centrale / *Central grandstand*
Piano terra / *ground floor*: ristorante / *restaurant* - 1° piano / *first floor*: tribune e sale ospitalità / *Stand & hospitality rooms* - 2° piano / *second floor*: cabine teleradiocronisti / *Radio-TV commentator's booths* - Sala ospitalità / *Hospitality room*
22 Tribune / *Grandstand*

PLANIMETRIA GENERALE E PROFILO LONGITUDINALE IN ASSE
GENERAL PLAN AND PROFILE ALONG THE CENTRE LINE

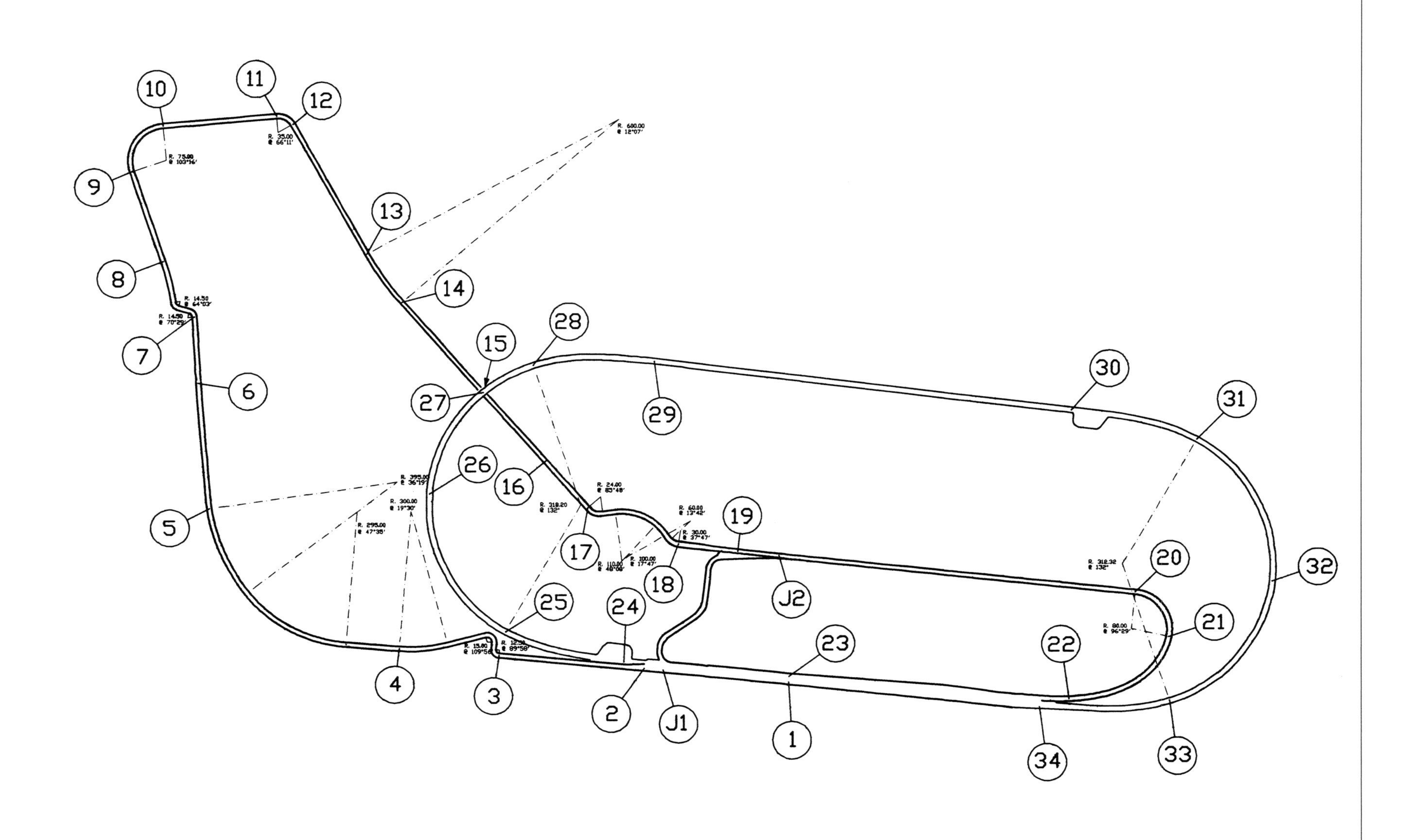

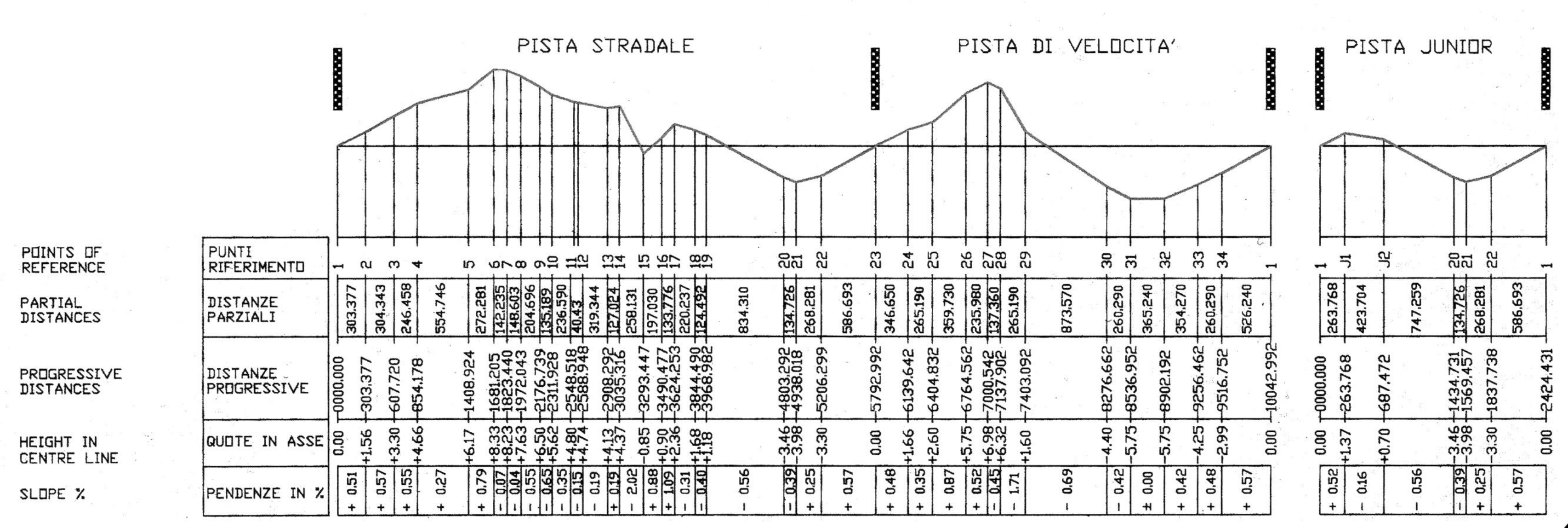

PISTA STRADALE / PISTA DI VELOCITA'

PUNTI RIFERIMENTO (POINTS OF REFERENCE)	DISTANZE PARZIALI (PARTIAL DISTANCES)	DISTANZE PROGRESSIVE (PROGRESSIVE DISTANCES)	QUOTE IN ASSE (HEIGHT IN CENTRE LINE)	PENDENZE IN % (SLOPE %)
1	303.377	0000.000	0.00	+ 0.51
2	304.343	303.377	+1.56	+ 0.57
3	246.458	607.720	+3.30	+ 0.55
4	554.746	854.178	+4.66	+ 0.27
5	272.281	1408.924	+6.17	+ 0.79
6	142.235	1681.205	+8.33	- 0.07
7	148.603	1823.440	+8.23	- 0.04
8	204.696	1972.043	+7.63	- 0.55
9	135.189	2176.739	+6.50	- 0.65
10	236.590	2311.928	+5.62	- 0.35
11	40.43	2548.518	+4.80	- 0.15
12	319.344	2588.948	+4.74	- 0.19
13	127.024	2908.292	+4.13	+ 0.19
14	258.131	3035.316	+4.37	- 2.02
15	197.030	3293.447	-0.85	+ 0.88
16	133.776	3490.477	+0.90	+ 1.09
17	220.237	3624.253	+2.36	- 0.31
18	124.492	3844.490	+1.68	- 0.40
19	834.310	3968.982	+1.18	- 0.56
20	134.726	4803.292	-3.46	- 0.39
21	268.281	4938.018	-3.98	+ 0.25
22	586.693	5206.299	-3.30	+ 0.57
23	346.650	5792.992	0.00	+ 0.48
24	265.190	6139.642	+1.66	+ 0.35
25	359.730	6404.832	+2.60	+ 0.87
26	235.980	6764.562	+5.75	+ 0.52
27	137.360	7000.542	+6.98	- 0.45
28	265.190	7137.902	+6.32	- 1.71
29	873.570	7403.092	+1.60	- 0.69
30	260.290	8276.662	-4.40	- 0.42
31	365.240	8536.952	-5.75	± 0.00
32	354.270	8902.192	-5.75	+ 0.42
33	260.290	9256.462	-4.25	+ 0.48
34	526.240	9516.752	-2.99	+ 0.57
1		10042.992	0.00	

PISTA JUNIOR

PUNTI RIFERIMENTO (POINTS OF REFERENCE)	DISTANZE PARZIALI (PARTIAL DISTANCES)	DISTANZE PROGRESSIVE (PROGRESSIVE DISTANCES)	QUOTE IN ASSE (HEIGHT IN CENTRE LINE)	PENDENZE IN % (SLOPE %)
1	263.768	0000.000	0.00	+ 0.52
J1	423.704	263.768	+1.37	- 0.16
J2	747.259	687.472	+0.70	- 0.56
20	134.726	1434.731	-3.46	- 0.39
21	268.281	1569.457	-3.98	+ 0.25
22	586.693	1837.738	-3.30	+ 0.57
1		2424.431	0.00	

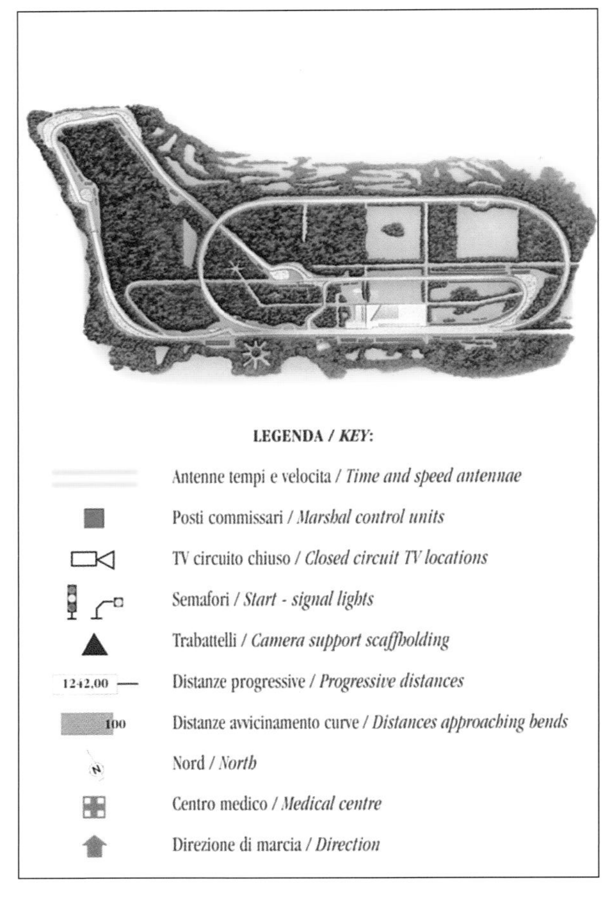
LEGENDA / *KEY*:
Antenne tempi e velocita / *Time and speed antennae*
Posti commissari / *Marshal control units*
TV circuito chiuso / *Closed circuit TV locations*
Semafori / *Start - signal lights*
Trabattelli / *Camera support scaffbolding*
1242,00
Distanze progressive / *Progressive distances*
100
Distanze avvicinamento curve / *Distances approaching bends*
Nord / *North*
Centro medico / *Medical centre*
Direzione di marcia / *Direction*

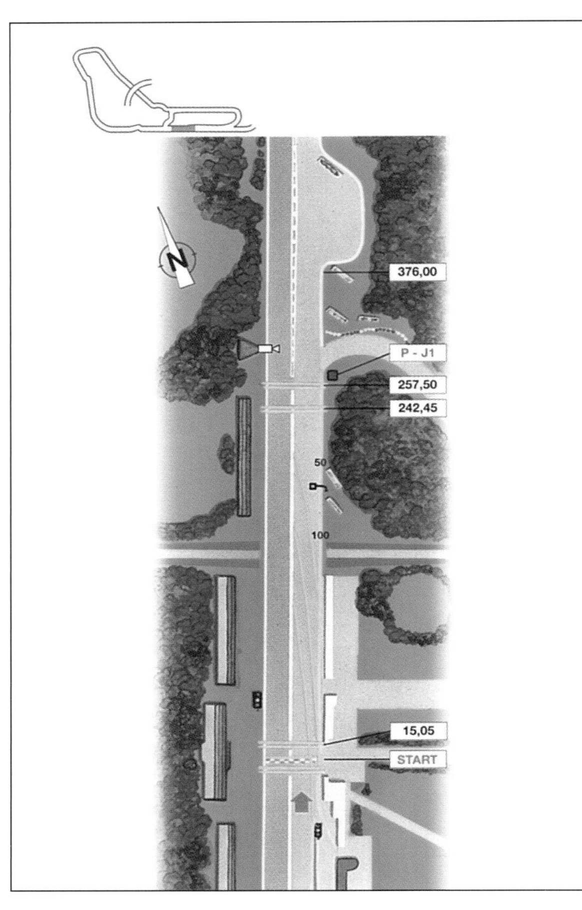
376,00
P - J1
257,50
242,45
50
100
15,05
START

854,90
P - 1
595,60
50
100
150
300

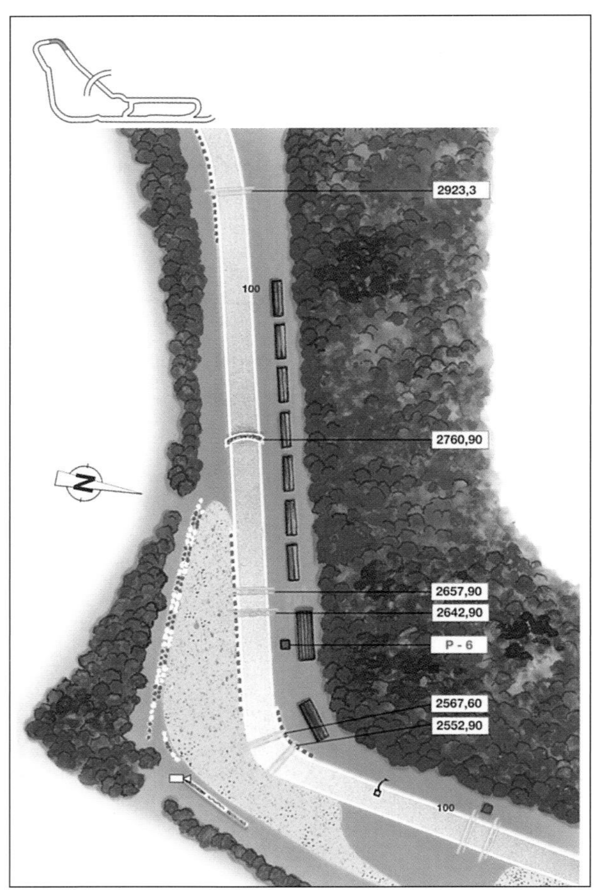
2923,3
100
2760,90
2657,90
2642,90
P - 6
2567,60
2552,90
100

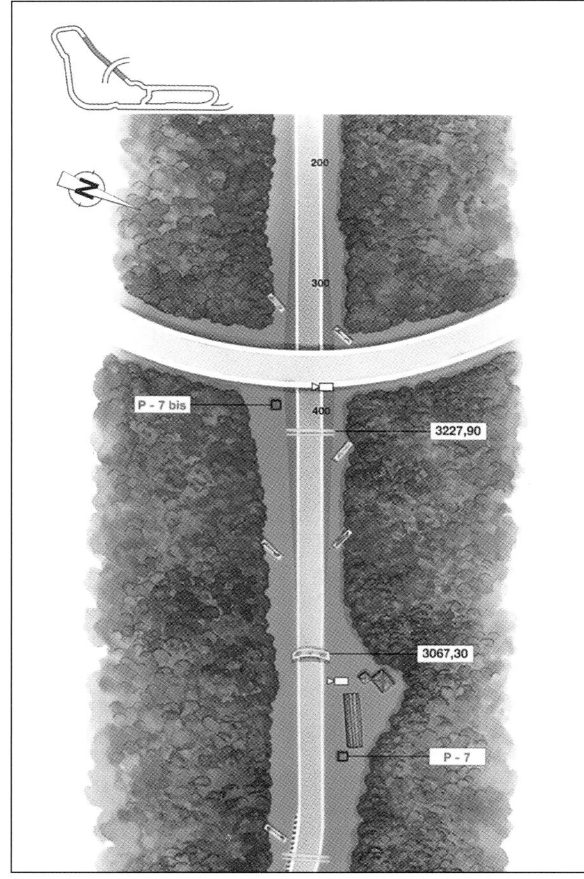
200
300
P - 7 bis
400
3227,90
3067,30
P - 7

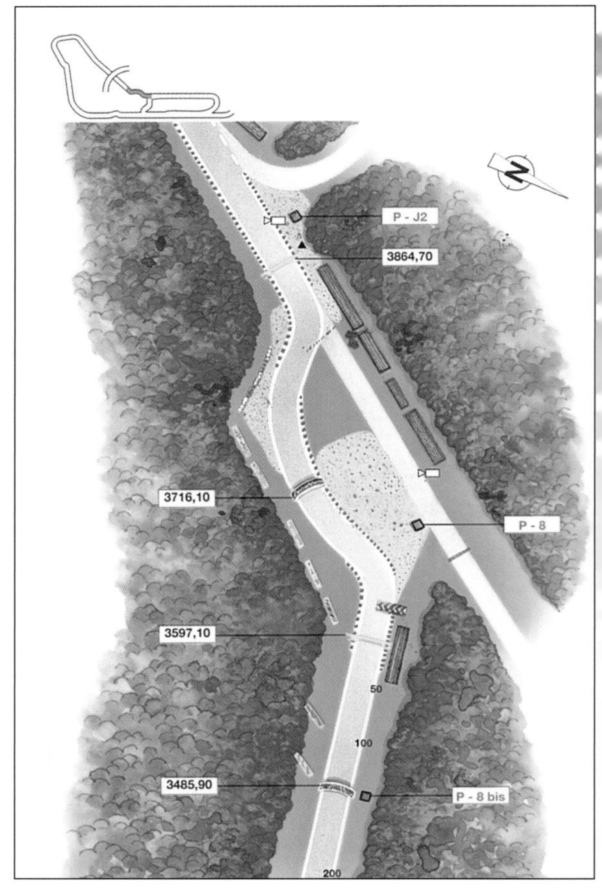
P - J2
3864,70
3716,10
P - 8
3597,10
50
100
3485,90
P - 8 bis
200

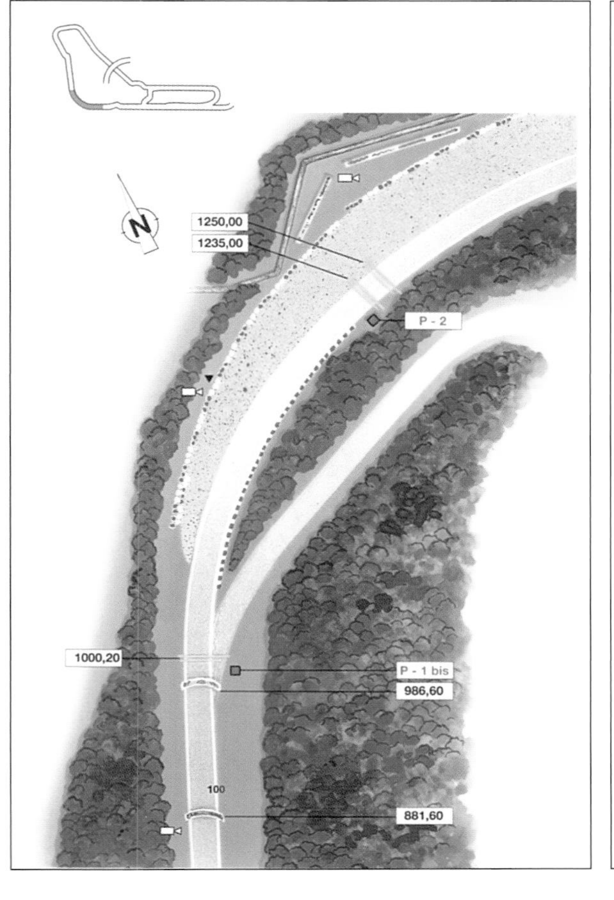
1250,00
1235,00
P - 2
1000,20
P - 1 bis
986,60
100
881,60

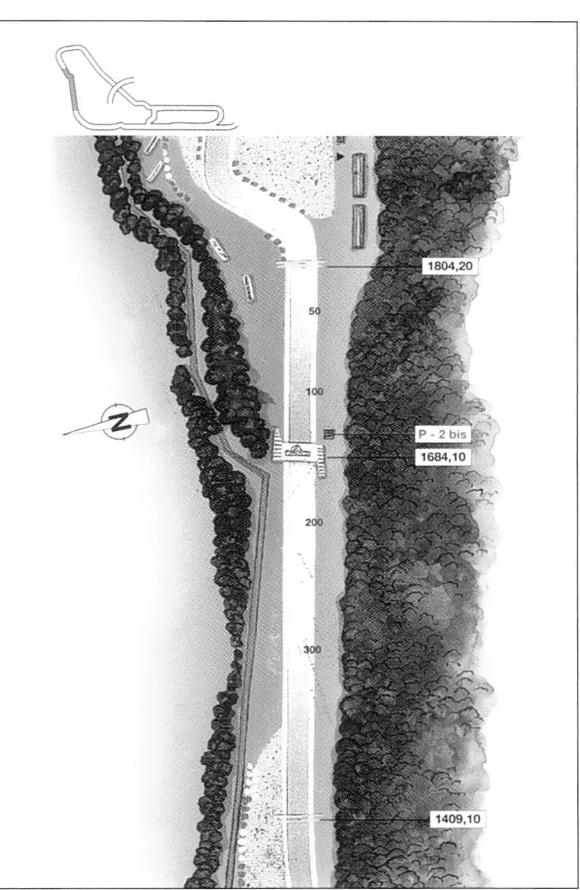
1804,20
50
100
P - 2 bis
1684,10
200
300
1409,10

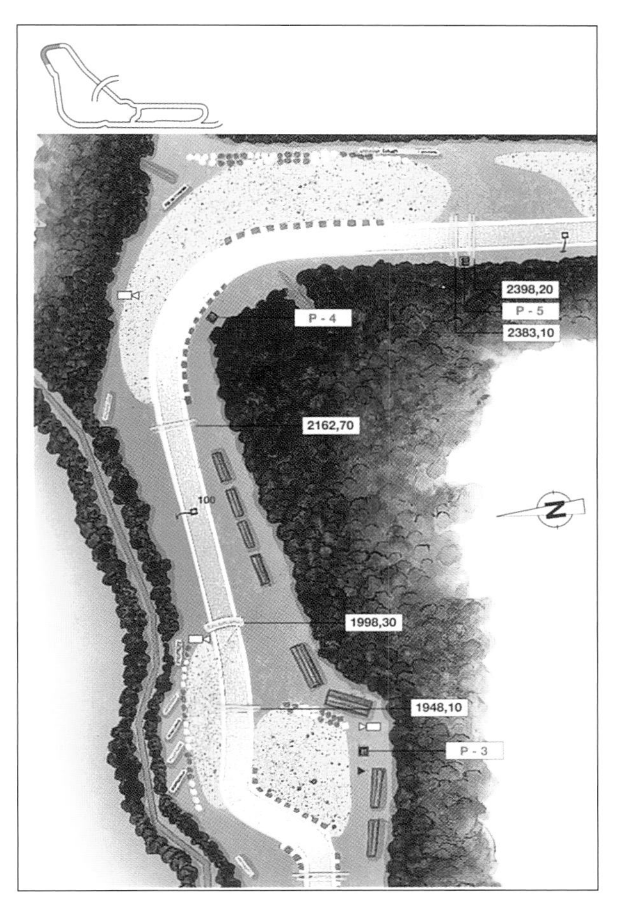
2398,20
P - 5
2383,10
P - 4
2162,70
100
1998,30
1948,10
P - 3

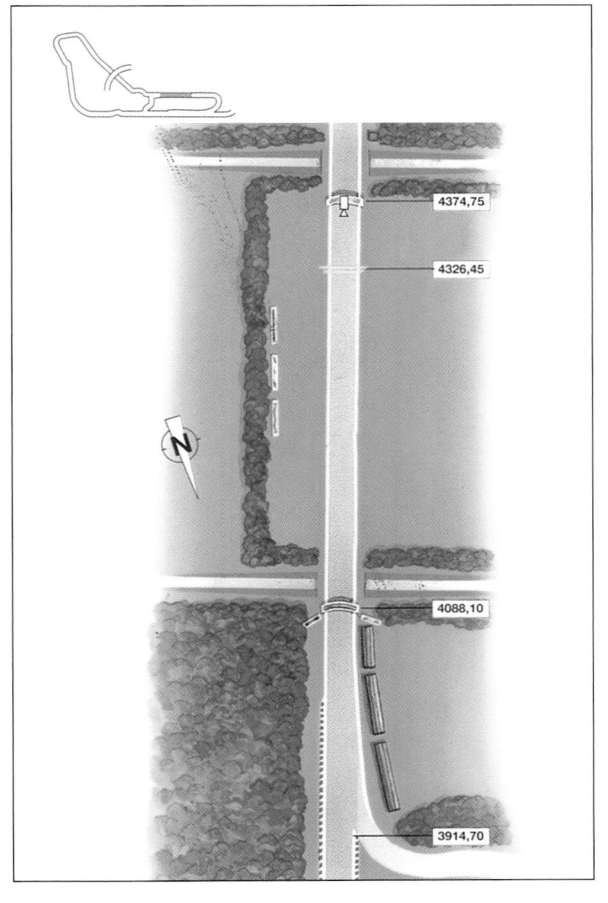
4374,75
4326,45
4088,10
3914,70

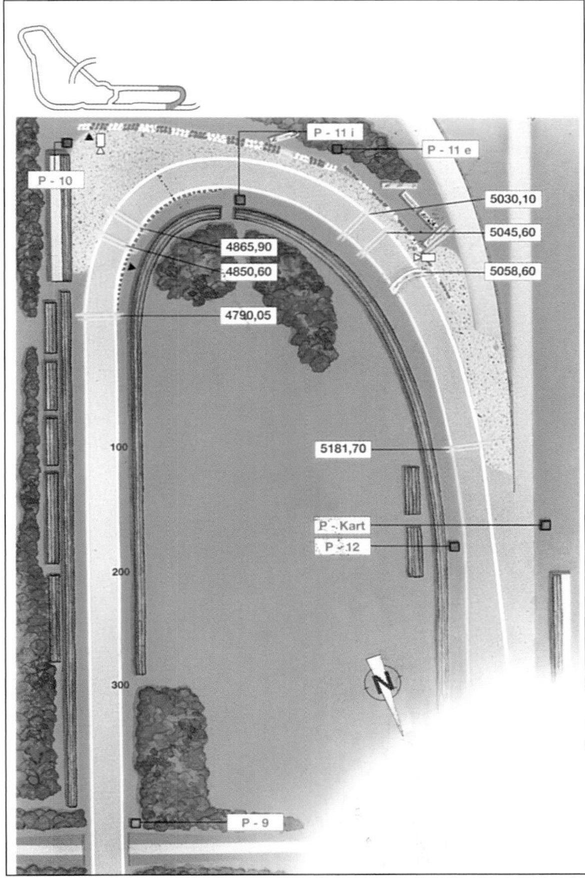
P - 11 i
P - 11 e
P - 10
5030,10
5045,60
4865,90
5058,60
4850,60
4790,05
100
5181,70
P - Kart
P - 12
200
300
P - 9

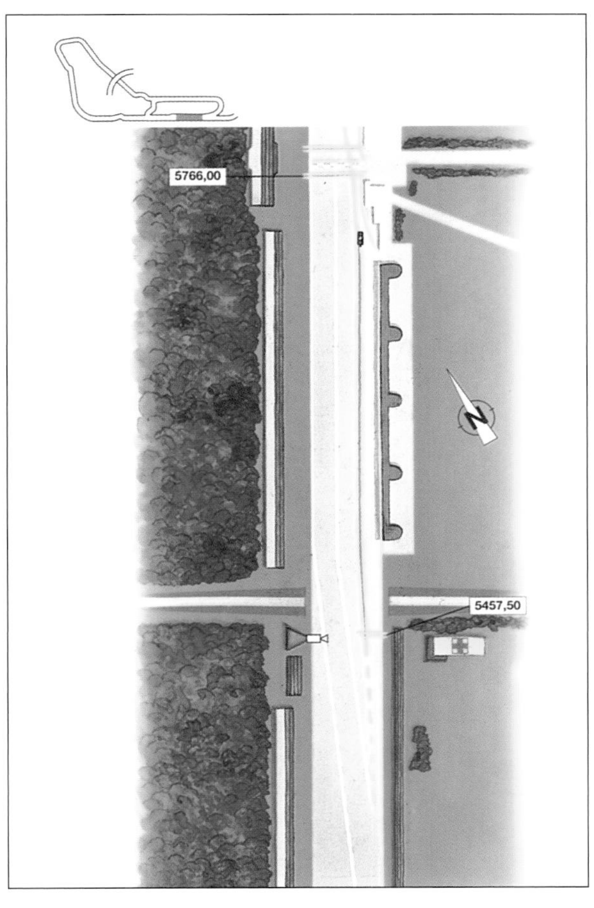
5766,00
5457,50

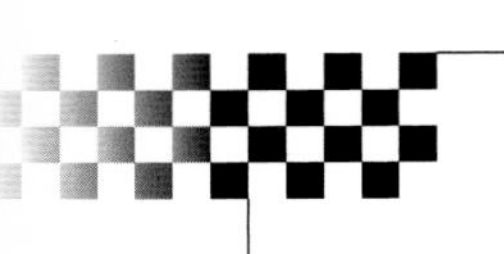

Albo d’oro
Racing results

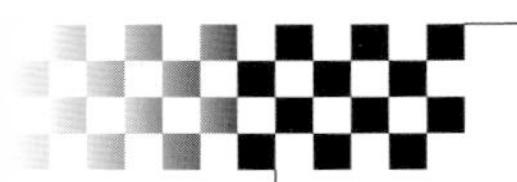

VINCITORI DEL GRAN PREMIO D'ITALIA - *WINNERS OF THE ITALIAN GRAND PRIX*

Data *Date*	**Circuito** *Circuit*	**Distanza** *Distance km*	**Formula o divisione** *Or division*	**Ordine d'arrivo / Pilota** *Finishing position / Drivers*		**Vettura** *Car*	**Media** *Average km/h*
10/9/1922	A	800	G.P./2000 cc	1	P. Bordino	Fiat 804	139,855
				2	F. Nazzaro	Fiat 804	
				3	P. De Vizcaya	Bugatti 35	
9/9/1923	A	800	G.P./2000 cc	1	C. Salamano	Fiat 805	146,502
				2	F. Nazzaro	Fiat 805	
				3	J. Murphy	Miller	
19/10/1924	A	800	G.P./2000 cc	1	Antonio Ascari	Alfa Romeo P2	158,896
				2	L. Wagner	Alfa Romeo P2	
				3	G. Campari	Alfa Romeo P2	
6/9/1925	A	800	G.P./2000 cc	1	G. Brilli Peri	Alfa Romeo P2	152,596
				2	G. Campari	Alfa Romeo P2	
				3	B. Costantini	Bugatti 39	
5/9/1926	A	600	G.P./1500 cc	1	L. Charavel	Bugatti 39	138,204
				2	B. Costantini	Bugatti 39	
4/9/1927	A	500	G.P./1500 cc	1	R. Benoist	Delage	144,298
				2	G. Morandi	O.M.	
				3	P. Kreis	Miller	
9/9/1928	A	600	G.P./Libera	1	L. Chiron	Bugatti 35C	159,898
				2	A. Varzi	Alfa Romeo P2	
				3	T. Nuvolari	Bugatti 35C	
24/5/1931	C	10 ore/hours	G.P./Libera	1	G. Campari/T. Nuvolari	Alfa Romeo "Monza"	155,775
				2	A. Minoja/B. Borzacchini	Alfa Romeo "Monza"	
				3	A. Divo/G. Bouriat	Bugatti 54	
5/6/1932	A	5 ore/hours	G.P./Libera	1	T. Nuvolari	Alfa Romeo P3	167,521
				2	L. Fagioli	Maserati W5	
				3	B. Borzacchini	Alfa Romeo "Monza"	
10/9/1933	A	500	G.P./Libera	1	L. Fagioli	Alfa Romeo P3	174,740
				2	T. Nuvolari	Maserati 8CM	
				3	G. Zehender	Maserati 8CM	
9/9/1934	D	500	G.P.750 kg	1	L. Fagioli/R. Caracciola	Mercedes-Benz W25	105,175
				2	H. Stuck/Z. Leiningen	Auto Union A	
				3	F. Trossi/G. Comotti	Alfa Romeo P3	
8/9/1935	E 1	503	G.P./750 kg	1	H. Stuck	Auto Union B	137,080
				2	T. Nuvolari/R.Dreyfus	Alfa Romeo 8C	
				3	P. Pietsch/B. Rosemeyer	Auto Union B	
13/9/1936	E 2	504	G.P./750 kg	1	B. Rosemeyer	Auto Union C	135,352
				2	T. Nuvolari	Alfa Romeo 12C	
				3	E. von Delius	Auto Union C	
11/9/1938	E 3	419,6	F1/3000-4500 cc	1	T. Nuvolari	Auto Union D	155,726
				2	G. Farina	Alfa Romeo 316	
				3	R. Caracciola	Mercedes W 154	
11/9/1949	F	504	F1/1500-4500 cc	1	Alberto Ascari	Ferrari 125	169,039
				2	P. Etancelin	Talbot	
				3	B. Bira	Maserati 4 CLT	
3/9/1950	F	504	F1/1500-4500 cc	1	G. Farina	Alfa Romeo 158	176,542
				2	D. Serafini/Alberto Ascari	Ferrari 375	
				3	L. Fagioli	Alfa Romeo 158	

Data *Date*	Circuito *Circuit*	Distanza *Distance km*	Formula o divisione *Or division*		Ordine d'arrivo / Pilota *Finishing position/Drivers*	Vettura *Car*	Media *Average km/h*
16/9/1951	F	504	F1/1500-4500 cc	1	Alberto Ascari	Ferrari 375	185,916
				2	F. Gonzalez	Ferrari 375	
				3	F. Bonetto/G. Farina	Alfa Romeo 159	
7/9/1952	F	504	F2/2000 cc	1	Alberto Ascari	Ferrari 500	177,090
				2	F. Gonzalez	Maserati A6GCM	
				3	L. Villoresi	Ferrari 500	
13/9/1953	F	504	F2/2000 cc	1	J.M. Fangio	Maserati A6GCM	178,130
				2	G. Farina	Ferrari 500	
				3	L. Villoresi	Ferrari 500	
5/9/1954	F	504	F1/2500 cc	1	J.M. Fangio	Mercedes-Benz W 196	180,218
				2	M. Hawthorn	Ferrari 625	
				3	U. Maglioli/F. Gonzalez	Ferrari 625	
11/9/1955	G	500	F1/2500 cc	1	J.M. Fangio	Mercedes-Benz W 196	206,791
				2	P. Taruffi	Mercedes-Benz W 196	
				3	E. Castellotti	Ferrari 555	
2/9/1956	G	500	F1/2500 cc	1	S. Moss	Maserati 250 F	208,787
				2	P. Collins/J.M.Fangio	Ferrari D50	
				3	R. Flockart	Connaught	
8/9/1957	H	500,250	F1/2500 cc	1	S. Moss	Vanwall	193,563
				2	J.M. Fangio	Maserati 250 F	
				3	W. von Trips	Ferrari D50	
7/9/1958	H	402,500	F1/2500 cc	1	T. Brooks	Vanwall	195,077
				2	M. Hawthorn	Ferrari Dino 246	
				3	P. Hill	Ferrari Dino 246	
13/9/1959	H	414	F1/2500 cc	1	S. Moss	Cooper Climax	200,177
				2	P. Hill	Ferrari 256	
				3	J Brabham	Cooper Climax	
4/9/1960	G	500	F1/2500 cc	1	P. Hill	Ferrari 256	212,534
				2	R. Ginther	Ferrali 256	
				3	W. Mairesse	Ferrali 156 F1	
10/9/1961	G	430	F1/1500 cc	1	P. Hill	Ferrali 156 F1	209,387
				2	D. Gurney	Porsche	
				3	B. McLaren	Cooper-Climax	
16/9/1962	H	494,500	F1 1500 cc	1	G. Hill	B.R.M.	198,940
				2	R. Ginther	B.R.M.	
				3	B. McLaren	Cooper-Climax	
8/9/1963	H	494,500	F1/1500 cc	1	J. Clark	Lotus-Climax 25	205,575
				2	R. Ginther	B.R.M.	
				3	B. McLaren	Cooper-Climax	
6/9/1964	H	448,500	F1/1500 cc	1	J. Surtees	Ferrari 158 F1	205,634
				2	B. McLaren	Cooper-Climax	
				3	L. Bandini	Ferrari 158 F1	
12/9/1965	H	437	F1/1500 cc	1	J. Stewart	B.R.M	209,961
				2	G. Hill	B.R.M.	
				3	D. Gurney	Brabham-Climax	
4/9/1966	H	391	F1/3000 cc	1	L. Scarfiotti	Ferrari 312 F1	218,748
				2	M. Parkes	Ferrari 312 F1	
				3	D. Hulme	Brabham-Repco	
10/9/1967	H	391	F1/3000 cc	1	J. Surtees	Honda RA 301	226,119
				2	J. Brabham	Brabham-Repco	
				3	J. Clark	Lotus-Ford 49	
8/9/1968	H	391	F1/3000 cc	1	D. Hulme	McLaren-Ford M7	234,022
				2	J. Servoz Gavin	Matra-Ford MS 10	
				3	J. Ickx	Ferrari 312 F1	

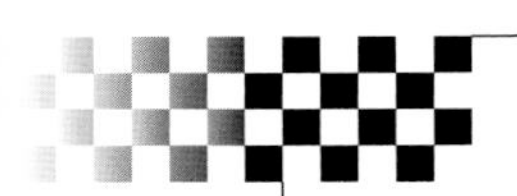

Data *Date*	Circuito *Circuit*	Distanza *Distance km*	Formula o divisione *Or division*	Ordine d'arrivo / Pilota *Finishing position/Drivers*		Vettura *Car*	Media *Average km/h*
7/9/1969	H	391	F1/3000 cc	1	J. Stewart	Matra Ford MS 80	236,523
				2	J. Rindt	Lotus-Ford 49	
				3	J.P.Beltoise	Matra-Ford MS 80	
6/9/1970	H	391	F1/3000 cc	1	C. Regazzoni	Ferrari 312 B	236,698
				2	J. Stewart	March-Ford 701	
				3	J.P.Beltoise	Matra-Simca MS 120	
5/9/1971	H	316	F1/3000 cc	1	P. Gethin	B.R.M. P.160	242,615
				2	R. Peterson	March-Ford 711	
				3	F. Cévert	Tyrrell Ford 003	
10/9/1972	L	317,625	F1/3000 cc	1	E. Fittipaldi	Lotus Ford 72	211,812
				2	M. Hailwood	Surtees-Ford TS 9	
				3	D. Hulme	McLaren Ford M 19	
9/9/1973	L	317,625	F1/3000 cc	1	R. Peterson	Lotus JPS	213,449
				2	E. Fittipaldi	Lotus JPS	
				3	P. Revson	McLaren	
8/9/1974	M	300,560	F1/3000 cc	1	R. Peterson	Lotus JPS	217,920
				2	E. Fittipaldi	Texaco-Marlboro M23	
				3	J. Scheckter	Tyrrell	
7/9/1975	M	300,560	F1/3000 cc	1	C. Regazzoni	Ferrari 312 T	218,034
				2	E. Fittipaldi	Texaco-Marlboro M23	
				3	N. Lauda	Ferrari 312 T	
12/9/1976	N	301,600	F1/3000 cc	1	R. Peterson	March 761	199,749
				2	C. Regazzoni	Ferrari 312 T2	
				3	J. Lafitte	Ligier Gitane Matra	
11/9/1977	N	301,600	F1/1500-3000 cc	1	M Andretti	Lotus JPS 78	206,014
				2	N.Lauda	Ferrari 312 T2	
				3	A. Jones	Shadow DN 8	
10/9/1978	N	232	F1/1500-3000 cc	1	N. Lauda	Brabham-Alfa Romeo	207,525
				2	J. Watson	Brabham-Alfa Romeo	
				3	C. Reutemann	Ferrari 312 T3	
9/9/1979	N	290	F1/1500-3000 cc	1	J. Scheckter	Ferrari 312 T4	212,185
				2	G. Villeneuve	Ferrari 312 T4	
				3	C. Regazzoni	Williams FW07	
13/9/1981	N	301,600	F1/1500-3000 cc	1	A. Prost	Renault RE 30	209,045
				2	A. Jones	Williams FW07 B	
				3	C. Reutemann	Williams FW07 B	
12/9/1982	N	301,600	F1/1500-3000 cc	1	R. Arnoux	Renault RE 30	219,500
				2	P. Tambay	Ferrari 126 C2	
				3	M. Andretti	Ferrari 126 C2	
11/9/1983	N	301,600	F1/1500-3000 cc	1	N. Piquet	Brabham BT 52	217,548
				2	R. Arnoux	Ferrari 126 C3	
				3	E. Cheever	Renault RE 40	
9/9/1984	N	295,800	F1/1500-3000 cc	1	N. Lauda	McLaren MP4/2	220,514
				2	M. Alboreto	Ferrari 126 C4	
				3	R. Patrese	Alfa Romeo 184 T	
8/9/1985	N	295,800	F1/1500-3000 cc	1	A. Prost	McLaren MP4	227,565
				2	N. Piquet	Brabham BT54	
				3	A. Senna	Lotus 97 T	
7/9/1986	N	295,800	F1/1500-3000 cc	1	N. Piquet	Williams FW011	228,373
				2	N. Mansell	Williams FW011	
				3	S. Johansson	Ferrari F1-86	
6/9/1987	N	290	F1/1500-3000 cc	1	N. Piquet	Williams FW011B	232,636
				2	A. Senna	Lotus 99 T	
				3	N. Mansell	Williams FW011B	

Data *Date*	Circuito *Circuit*	Distanza *Distance km*	Formula o divisione *Or division*	Ordine d'arrivo / Pilota *Finishing position/Drivers*		Vettura *Car*	Media *Average km/h*
11/9/1988	N	295,800	F1/1500-3000 cc	1	G. Berger	Ferrari F1/87	228,528
				2	M. Alboreto	Ferrari F1/87	
				3	E. Cheever	Arrows A10B	
10/9/1989	N	307,400	F1/1500-3000 cc	1	A. Prost	McLaren MP4/5	232,119
				2	G. Berger	Ferrari F1-89	
				3	T. Boutsen	Williams FW12C	
9/9/1990	N	307,400	F1/3500 cc	1	A. Senna	McLaren-Honda	236,569
				2	A. Prost	Ferrari F1-90	
				3	G. Berger	McLaren-Honda	
8/9/1991	N	307,400	F1/3500 cc	1	N. Mansell	Williams-Renault	236,749
				2	A. Senna	McLaren/Honda	
				3	A. Prost	Ferrari F1-91	
13/9/1992	N	307,400	F1/3500 cc	1	A. Senna	McLaren-Honda	235,689
				2	M. Brundle	Benetton-Ford	
				3	M. Schumacher	Benetton-Ford	
12/9/1993	N	307,400	F1/3500 cc	1	D. Hill	Williams-Renault	239,144
				2	J. Alesi	Ferrari F1-93A	
				3	M. Andretti	McLaren-Ford	
11/9/1994	N	307,400	F1/3500 cc	1	D. Hill	Williams-Renault	236,322
				2	G. Berger	Ferrari 412 T1B	
				3	M. Hakkinen	McLaren-Peugeot	
10/9/1995	O	305,810	F1/3000 cc	1	J. Herbert	Benetton-Renault	233,814
				2	M. Hakkinen	McLaren-Mercerdes	
				3	H. H. Frentzen	Sauber-Ford	
8/9/1996	O	305,810	F1/3000 cc	1	M. Schumacher	Ferrari F310	236,034
				2	J. Alesi	Benetton-Renault	
				3	M. Hakkinen	McLaren-Mercerdes	
7/9/1997	O	305,810	F1/3000 cc	1	D. Coulthard	McLaren-Mercerdes	238,056
				2	J. Alesi	Benetton-Renault	
				3	H. H. Frentzen	Williams-Renault	
13/9/1998	O	305,810	F1/3000 cc	1	M. Schumacher	Ferrari F1-98	237,591
				2	E. Irvine	Ferrari F1-98	
				3	R. Schumacher	Jordan	
12/9/1999	O	305,810	F1/3000 cc	1	H. H. Frentzen	Jordan	237,938
				2	R. Schumacher	Williams	
				3	M. Salo	Ferrari F399	
10/9/2000	P	306,719	F1/3000 cc	1	M. Schumacher	Ferrari F1 2000	210,286
				2	M. Hakkinen	McLaren-Mercedes	
				3	R. Schumacher	Williams-BMW	
16/09/2001	P	306,764	F1/3000 cc	1	J. P. Montoya	Williams-BMW	239,115
				2	R. Barrichello	Ferrari F1 2001	
				3	R. Schumacher	Williams-BMW	
15/09/2002	P	306,719	F1/3000 cc	1	R. Barrichello	Ferrari F2002	241,09
				2	M. Schumacher	Ferrari F2002	
				3	E. Irvine	Jaguar	
14/09/2003	P	306,720	F1/3000 cc	1	M. Schumacher	Ferrari F2003-GA	247,586
				2	J. P. Montoya	Williams-BMW	
				3	R. Barrichello	Ferrari F2003-GA	
12/09/2004	P	306,720	F1/3000 cc	1	R. Barrichello	Ferrari F2004	244,374
				2	M. Schumacher	Ferrari F2004	
				3	J. Button	BAR-Honda	

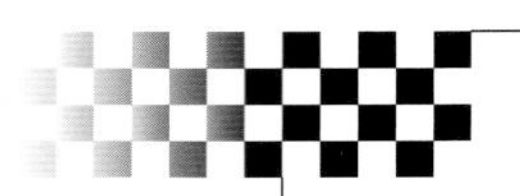

VINCITORI DEL GRAN PREMIO DELLE NAZIONI
WINNERS OF THE GRAND PRIX OF NATIONS

Data *Date*	Circuito *Circuit*	Distanza *Distance km*	Classe *Class*	Vincitore *Winner*	Moto *Motorcycle*	Media *Average km/h*
8/9/1922	A	400	350	E. Gnesa	Garelli	101,098
		400	500	V. Fieschi	Douglas	100,775
		400	1000	A. Ruggeri	Harley Davidson	104,323
8/9/1923	A	400	350	E. Gnesa	A.J.S.	107,706
		400	500	Gillard	Peugeot	120,431
7/9/1924	A	200	250	Van Geert	Rush	101,041
		300	350	J. Simpson	A.J.S.	113,665
		400	500	G. Mentasti	Guzzi	130,647
13/9/1925	A	200	125	M. Cavedagna	G.D.	89,820
		200	175	M. Vega	Maffeis	90,207
		200	250	J. Porter	New Gerrard	112,725
		300	350	T. Nuvolari	Bianchi	123,098
		400	500	G. Revelli	G.R. -Jap	112,147
19/9/1926	A	200	125	C. Baschieri	G.D.	104,147
		200	175	V. Zacchetti	Miller	105,088
		200	250	U. Prini	Guzzi	126,392
		300	350	T. Nuvolari	Bianchi	129,091
		400	500	A. Varzi	Sunbeam	135,275
19/9/1927	A	200	125	A. Morini	M.M.	98,522
		200	175	T. Benelli	Benelli	109,399
		300	250	U. Prini	Guzzi	127,500
		400	350	T. Nuvolari	Bianchi	135,499
		400	500	L. Arcangeli	Sunbeam	136,973
30/9/1928	A	200	125	A. Del Monte	M.M.	104,989
		200	175	A. Geiss	D.K.W.	115,340
		300	250	M. Ghersi	Guzzi	127,343
		400	350	T. Nuvolari	Bianchi	130,335
		400	500	G. Francone	Sunbeam	129,171
22/9/1929	A	200	125	G. Landi	Morini	98,882
		200	175	C. Baschieri	Benelli	110,788
		300	250	E. Truzzi	Guzzi	123,409
		400	350	A. Moretti	Bianchi	127,752
		400	500	A. Varzi	Sunbeam	137,696
14/9/1930	C	137,200	175	T. Benelli	Benelli	112,542
		205,800	250	E. Truzzi	Guzzi	120,902
		274,400	350	M. Barsanti	Motosacoche	126,382
		274,400	500	T. Bullus	N.S.U.	138,703
26/4/1931	C	137,200	175	T. Benelli	Benelli	108,220
		171,500	250	R. Brusi	Guzzi	111,255
		205,800	350	G. Landi	Velocette	120,255
		274,400	500	F. Hicks	A.J.S.	123,245
27/9/1936	A	300	250	G. Aldrighetti	Guzzi	148,539
		300	350	R. Sunquvist	Husqvarna	142.632
		300	500	O. Tenni	Guzzi	163,606
12/9/1937	A	300	250	N. Pagani	Guzzi	143,578
		300	350	T. Mellors	Velocette	142,790
		300	500	G. Aldrighetti	Gilera	169,029

Data *Date*	Circuito *Circuit*	Distanza *Distance km*	Classe *Class*	Vincitore *Winner*	Moto *Motorcycle*	Media *Average km/h*
24/9/1938	E2	300,700	250	E. Soprani	Benelli	140,127
		300,700	350	T. Mellors	Velocette	138,585
		300,700	500	C. Meier	B.M.W.	157,136
4/9/1949	F	113,400	125	G. Leoni	Mondial	125,380
		151,200	250	D. Ambrosini	Benelli	144,236
		201,600	500	N. Pagani	Gilera	157,883
		100,800	Side	E. Frigerio	Gilera	130,298
10/9/1950	F	100,800	125	G. Leoni	Mondial	132,206
		201,600	250	D. Ambrosini	Benelli	145,629
		151,200	350	G. Duke	Norton	152,985
		201,600	500	G. Duke	Norton	164,780
		100,800	Side	E. Oliver	Norton	138,324
9/9/1951	F	100,800	125	C. Ubbiali	Mondial	136,104
		126	250	E. Lorenzetti	Guzzi	143,790
		151,200	350	G. Duke	Norton	157,773
		201,600	500	Alfio Milani	Gilera	169,392
		100,900	500	Albino Milani	Gilera	143,943
14/9/1952	F	100,800	125	E. Mendogni	Morini	135,899
		126	250	E. Lorenzetti	Guzzi	150,837
		151,200	350	R. Amm	Norton	157,154
		201,600	500	L. Graham	M.V.	171,161
		100,800	Side	E. Merlo	Gilera	147,668
6/9/1953	F	100,800	125	W. Haas	N.S.U.	140,059
		126	250	E. Lorenzetti	Guzzi	158,673
		151,200	350	E. Lorenzetti	Guzzi	160,305
		201,600	500	G. Duke	Gilera	172, 046
		100,800	Side	E. Oliver	Norton	142,961
12/9/1954	F	100,800	125	G. Sala	M.V.	146,535
		126	250	A. Wheeler	Guzzi	148,657
		151,200	350	F. Anderson	Guzzi	163,670
		201,600	500	G. Duke	Gilera	179,474
		100,800	Side	W. Noll	B.M.W.	149,968
4/9/1955	H	103,500	125	C. Ubbiali	M.V.	151,229
		126,500	250	C. Ubbiali	M.V.	162,986
		155,500	350	G. Dale	Guzzi	168,277
		201,200	500	U. Masetti	M.V.	177,390
		103,500	Side	W. Noll	B.M.W.	150,144
9/9/1956	H	103,500	125	C. Ubbiali	M.V.	160,728
		126,500	250	C. Ubbiali	M.V.	167,015
		155,200	350	L. Liberati	Gilera	178,396
		201,200	500	G. Duke	Gilera	182,982
		103,500	Side	Albino Milani	Gilera	157,928
1/9/1957	H	103,500	125	C. Ubbiali	M.V.	159,640
		126,500	250	T. Provini	Mondial	176,115
		155,200	350	R. McIntyre	Gilera	180,063
		201,200	500	L. Liberati	Gilera	186,275
		103,500	Side	Albino Milani	Gilera	159,455
14/9/1958	H	103,500	125	B. Spaggiari	Ducati	155,827
		126,500	250	E. Mendogni	Morini	168,211
		155,200	350	J. Surtees	M.V.	173,253
		201,200	500	J. Surtees	M.V.	184,285

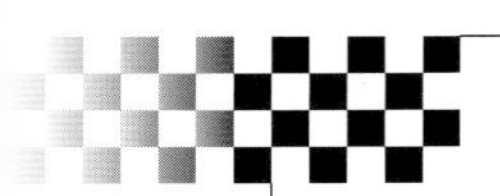

Data *Date*	Circuito *Circuit*	Distanza *Distance km*	Classe *Class*	Vincitore *Winner*	Moto *Motorcycle*	Media *Average km/h*
6/9/1959	H	103,500	125	E. Degner	M.Z.	154,727
		126,500	250	C. Ubbiali	M.V.	173,050
		155,200	350	J. Surtees	M.V.	172,436
		201,200	500	J. Surtees	M.V.	185,436
11/9/1960	H	103,500	125	C. Ubbiali	M.V.	155,821
		126,500	250	C. Ubbiali	M.V.	175,504
		155,200	350	G. Hocking	M.V.	176,587
		201,200	500	J. Surtees	M.V.	185,104
3/9/1961	H	103,500	125	E. Degner	M.Z.	158,959
		126,500	250	J. Redman	Honda	180,944
		155,200	350	G. Hocking	M.V.	181,590
		201,200	500	M. Hailwood	M.V.	187,490
9/9/1962	H	63,250	50	H.Anscheidt	Kreidler	134,606
		103,500	125	T. Tanaka	Honda	156,291
		126,500	250	J. Redman	Honda	178,280
		155,250	350	J. Redman	Honda	180,850
		201,200	500	M. Hailwood	M.V.	187,567
15/9/1963	H	103,500	125	L. Taveri	Honda	156,452
		126,500	250	T. Provini	Morini	179,609
		155,200	350	J. Redman	Honda	182,515
		201,200	500	M. Hailwood	M.V.	190,007
13/9/1964	H	103,500	125	L. Taveri	Honda	139,363
		126,500	250	P. Read	Yamaha	183,318
		155,200	350	J. Redman	Honda	180,815
		201,500	500	M. Hailwood	M.V.	191,757
5/9/1965	H	103,500	125	H. Anderson	Suzuki	151,778
		126,500	250	T. Provini	Benelli	152,124
		155,200	350	G. Agostini	M.V.	181,903
		143,750	500	M. Hailwood	M.V.	156,898
		115	Side	F. Scheidegger	B.M.W.	148,658
11/9/1996	H	63,250	50	H. Anscheidt	Suzuki	152,175
		103,500	125	L. Taveri	Honda	177,656
		126,500	250	M. Hailwood	Honda	182,913
		155,250	350	G. Agostini	M.V.	185,969
		201,250	500	G. Agostini	M.V.	191,464
3/9/1967	H	103,500	125	B. Ivy	Yamaha	166,821
		126,500	250	P. Read	Yamaha	192,786
		155,200	350	R. Bryans	Honda	191,423
		201,250	500	G Agostini	M.V.	200,284
		103,500	Side	G. Auerbacher	B.M.W.	162,927
15/9/1968	H	103,500	125	B. Ivy	Yamaha	170,659
		126,500	250	P. Read	Yamaha	178,210
		155,250	350	G Agostini	M.V.	171,116
		201,250	500	G. Agostini	M.V.	178,246
3/9/1970	H	57,500	50	J. De Vries	Kreidler	148,045
		92	125	A. Nieto	Derbi	167,840
		115	250	R. Gould	Yamaha	185,758
		135	350	G. Agostini	M.V.	194,953
		184	500	G. Agostini	M.V.	199,644

Data *Date*	**Circuito** *Circuit*	**Distanza** *Distance km*	**Classe** *Class*	**Vincitore** *Winner*	**Moto** *Motorcycle*	**Media** *Average km/h*
12/9/1971	H	57,500	50	J. De Vries	Kreidler	153,811
		92	125	G. Parlotti	Morbidelli	174,196
		115	250	G. Marsowsky	Yamaha	185,458
		138	350	J. Saarinen	Yamaha	186,998
		184	500	A. Pagani	M.V.	189,891
20/5/1973	H	57,700	50	J. De Vries	Kreidler	152,823
		92	125	H. Anderson	Yamaha	171,491
		138	350	G. Agostini	M.V.	196,714
10/5/1981	N	81,200	50	R. Tormo	Bultaco	140,494
		104,400	125	B. Bertin	Sanvenero	141,864
		116	250	M. Massimiani	Ad Majora	150,106
		127,600	350	J. Ekerold	Bimota	173,276
		139,200	500	K . Roberts	Yamaha	160,507
24/4/1983	N	81,200	50	E. Lazzarini	Garelli	137,682
		104,400	125	A. Nieto	Garelli	160,400
		116,000	250	C. Lavado	Yamaha	169,600
		139,200	500	F. Spencer	Honda	182,453
18/5/1986	N	75,400	80	R. Dorflinger	Krauser	156,307
		104,400	125	F. Gresini	Garelli	165,462
		104,400	250	A. Mang	Honda	175,975
		145,000	500	E. Lawson	Yamaha	187,100
24/5/1987	N	75,400	80	J. Martinez	Derbi	157,146
		104,400	125	F. Gresini	Garelli	167,514
		104,400	250	A. Mang	Honda	178,070
		139,200	500	W. Gardner	Honda	189,473

VINCITORI DELLA 1000 KM DI MONZA / TROFEO CARACCIOLO
WINNERS OF THE MONZA 1000 KM / TROFEO CARACCIOLO RACE

Data *Date*	Circuito *Circuit*	Distanza *Distance km*	Formula o divisione *Or division*	Ordine d'arrivo/Pilota *Finishing position/Drivers*	Vettura *Car*	Media *Average km/h*
25/4/1965	I	1010	II-GT 2000	Pon Ben - R. Slotemaker	Porsche 904	184,983
			III-GT > 2000	B. Bondurant - A.R. Grant	Shelby Cobra	180,295
			Tr-SP	M. Parkes - J. Guichet	Ferrari 275 P2	202,611
25/4/1966	I	1010	II-S 2000	A. De Adamich - T. Zeccoli	Alfa Romeo TZ2	152,433
			III S > 2000	M. Gregory - J. Withmore	Ford GT 40	163,959
			Tr-SP 2000	G. Mitter - H. Hermann	Porsche Carrera 6	161,231
			Tr-SP > 2000	J. Surtees - M. Parkes	Ferrari 330 P3	165,939
25/4/1967	I	1010	II-S 2000	U. Schutz - J. Neerpasch	Porsche Carrera 6	180,984
			III-S > 2000	J. Schlesser - G. Ligier	Ford GT 40	185,488
			Tr-SP 2000	G. Mitter - J. Rindt	Porsche 910	188,200
			Tr-SP 2000	L. Bandini - C. Amon	Ferrari 330 P4	196,934
25/4/1968	I	1010	S 5000	P. Hawkins - D. Hobbs	Ford GT 40	190,332
			Cup GT	D. Glemser - H. Kelleners	Porsche 911 S	167,729
25/4/1969	I	1010	SP 3000	J. Siffert - B. Redman	Porsche 908	206,342
			Cup GT	D. Fröhlich -J. Neuhaus	Porsche 911 T	168,907
25/4/1970	H	1020	S 5000	P. Rodriguez - L. Kinnunen	Porsche 917	232,650
			Cup GT	G. Schenetti - S. Zerbini	Porsche 911 S	163,025
25/4/1971	H	1020	S 5000	P. Rodriguez -J. Oliver	Porsche 917 K	235,833
			Cup GT	E. Kremer - G. Huber	Porsche 911 S	181,287
25/4/1972	H	1020	S 3000	C. Regazzoni - J. Ickx	Ferrari 312 P	170,494
			Cup GT	U. Locatelli - "Pall Joe"	De Tomaso Pantera	143,435
25/4/1973	L	1000,500	S 3000	J. Ickx - B. Redman	Ferrari 312 P	242,473
			Cup GT	C. Schiekentanz - E. Kremer	Porsche Carrera RSR	196,944
25/4/1974	M	1003,980	S 3000	M. Andretti - A. Merzario	Alfa Romeo 33 TT 12	210,657
			Cup GT	J. Van Lennep - H. Muller	Porsche Carrera RSR	196,554
20/4/1975	M	1003,980	S 3000	A. Merzario - J. Lafitte	Alfa Romeo 33 TT 12	212,584
			Cup GT	T. Hezemans - M. Schurti	Porsche Carrera RSR	193,356
25/4/1976	N	888,810	S 3000	J. Mass - J. Ickx	Porsche Martini 936	219,871
24/4/1977	N	493	S 3000	V. Brambilla	Alfa Romeo 33 SC 12	184,759
23/4/1978	N	319	S 3000	R. Joest	Porsche Turbo 908/3 T	171,985
	S		2000	"Gimax"	Osella PA 6	155,264
22/4/1979	N	1003,400	S 3000	R. Zorzi - M. Capoferri	Lola T 286	173,275
			S 2000	"Gimax" - M. Gallo	Osella PA 7	169,489
			S 1600	R. Marazzi - S. Ridolfi	Chevron B 31	161,787
27/4/1980	N	1061,400	S 3000	A. De Cadenet - D. Wilson	De Cadenet	176,338
			Silhouette > 2000	J. Barth - H. Pescarolo	Porsche 935	176,252
			Silhouette > 2000	R. Patrese - W. Rohrl	Lancia Beta Montecarlo	175 ,208
26/4/1981	N	1003,400	S 3000	G. Francia - L. Lombardi	Osella BMW	151,048
			Silhouette > 2000	E. Doeren - J. Laessig	Porsche 935 KR	152,874
			Silhouette 2000	G. Nataloni - M. Ricci	Lancia Beta Montecarlo	142,534
18/4/1982	N	1003,400	Gr.C	H. Pescarolo - G. Francia	Rondeau M382	180,285
10/4/1983	N	1003,400	Gr.C	B. Wollek - T. Boutsen	Porsche 956	192,890
23/4/1984	N	1003,400	Gr.C	J. Ickx - I. Mass	Porsche 956	196,322

Data *Date*	**Circuito** *Circuit*	**Distanza** *Distance km*	**Formula o divisione** *Or division*	**Ordine d'arrivo/Pilota** *Finishing position/Drivers*	**Vettura** *Car*	**Media** *Average km/h*
28/4/1985	N	800,400	Gr.C	M. Winkelhock - M. Surer	Porsche 962 KR	192,264
20/4/1986	N	365,400	Gr.C	H. Stuck - D. Bell	Porsche 962 C	201,745
12/4/1987		1003,400	Gr.C	J. Lammers - J. Watson	Jaguar Xjr-8	198,089
10/4/1988	N	1003,400	Gr.C	M. Brundle - E. Cheever	Jaguar Xjr-9	206,019
29/ 4/ 1990	N	481,400	Gr.C	J. Schlesser - M. Baldi	Sauber-Mercedes C11	210,532
5/5/1991	N	435	Gr.C	D. Warwick - M. Brundle	Jaguar Xjr-14	207,614
26/ 4/1992	N	504,600	Gr.C	G. Lees - H. Ogawa	Toyota TS 010	221,460
23/3/1997	O	905,8	LMP1	T. Bscher - J. Nielsen	Kremer Porsche	189,492
29/03/1998	O	1003,9	FIA1	T. Bscher - G. Lees	McLaren-BMW F1 GT	194,990
11/4/1999	O	496,2	SR1	E. Collard - V. Sospiri	Ferrari 333 SP Judd	199,095
16/04/2000	O	496,2 496,2	GT SRWC	T. Hezemans M. Baldi - G. Formato	Chrysler Riley&Scott	184,284 189,467
22/04/2001	P	1002,1	Sport	G. Lavaggi - C. Vann	Ferrari 333 SP Judd	189,601
29/06/2003	P	503,9	FIA SportCar	J. Lammers - J. Bosch	Dome Judd	193,979
9/05/2004	P	1007,9	LMP1	J. Herbert - J. Davies	Audi R8	196,592

VINCITORI DELLA PROVA DEL CAMPIONATO MONDIALE SUPERBIKE
WINNERS OF THE SUPERBIKE WORLD CHAMPIONSHIP RACE

Data *Date*	**Circuito** *Circuit*	**Distanza** *Distance km*	**Classe** *Class*	**Vincitore** *Winner*	**Moto** *Motorcycle*	**Media** *Average km/h*
7/10/1990	N	98,600	1a gara/1st race	F. Pirovano	Yamaha	167,997
			2°gara/2nd race	F. Pirovano	Yamaha	175,569
4/10/1992	N	92,800	1a gara/1st race	F. Pirovano	Yamaha	158,615
			2°gara/2nd race	F. Pirovano	Yamaha	160,997
26/9/1993	N	104,400	1a gara/1st race	A. Slight	Kawasaki	169,235
			2°gara/2nd race	G. Falappa	Ducati	168,650
18/6/1995	N	104,400	1a gara/1st race	C. Fogarty	Ducati	190,648
			2°gara/2nd race	P. Chili	Ducati	189,995
16/6/1996	O	103,860	1a gara/1st race	C. Fogarty	Honda	191,669
			2°gara/2nd race	P. Chili	Ducati	190,957
22/6/1997	O	103,860	1a gara/1st race	J Kocinski	Honda	190,574
			2°gara/2nd race	P. Chili	Ducati	169,428
10/5/1998	O	103,860	1a gara/1st race	C. Edwards	Honda	192,269
			2a gara/2nd race	C. Edwards	Honda	191,795
30/5/1999	O	103,860	1a gara/1st race	C. Fogarty	Ducati	193,427
			2a gara/2nd race	C. Fogarty	Ducati	192,900
21/5/2000	O	103,860	1a gara/1st race	P. Chili	Suzuki	194,838
			2a gara/2nd race	C. Edwards	Honda	193,979
13/5/2001	P	104,274	1a gara/1st race	T. Bayliss	Ducati	190,041
			2a gara/2nd race	T. Bayliss	Ducati	189,866
12/5/2002	P	104,274	1a gara/1st race	T. Bayliss	Ducati	192,070
			2a gara/2nd race	T. Bayliss	Ducati	190,388
18/05/2003	P	104,274	1a gara/1st race	N. Hodgson	Ducati	191,693
			2a gara/2nd race	N. Hodgson	Ducati	191,390
16/05/2004	P	104,274	1a gara/1st race	R. Laconi	Ducati	190,658
			2a gara/2nd race	R. Laconi	Ducati	190,179

TRACCIATI PER LE COMPETIZIONI DAL 1922 AL 2005
TRACKS USED FOR COMPETITIONS FROM 1922 TO 2005

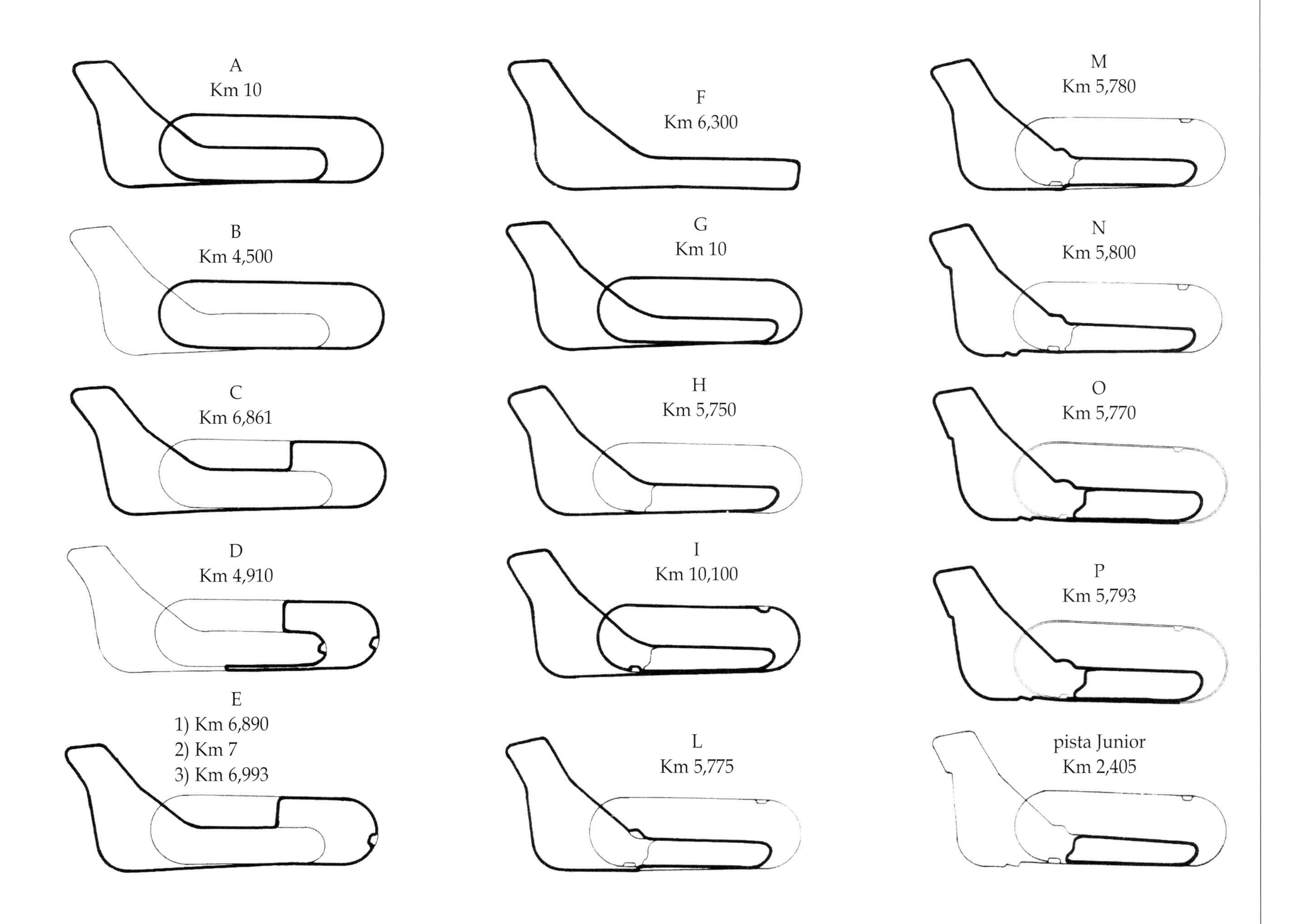

Finito di stampare presso
CastelliBolis S.p.A di Bergamo
nel mese di marzo 2005